동양과 서양, 세상을 바라보는 서로 다른 시선

생각의 지도

THE GEOGRAPHY OF THOUGHT
by Richard E. Nisbett

큰글자책

동양과 서양, 세상을 바라보는 서로 다른 시선

생각의 지도

리처드 니스벳 지음

김영사

동양과 서양, 세상을 바라보는 서로 다른 시선
생각의 지도 큰글자책

1쇄 발행 2021. 1. 26.
2쇄 발행 2023. 2. 27.

지은이 리처드 니스벳
옮긴이 최인철

발행인 고세규
발행처 김영사
등록 1979년 5월 17일(제406-2003-036호)
주소 경기도 파주시 문발로 197(문발동) 우편번호 10881
전화 마케팅부 031)955-3100, 편집부 031)955-3200 | 팩스 031)955-3111

값은 뒤표지에 있습니다.
ISBN 978-89-349-8808-3 04300 | 978-89-349-9072-7(세트)

홈페이지 www.gimmyoung.com   블로그 blog.naver.com/gybook
인스타그램 instagram.com/gimmyoung   이메일 bestbook@gimmyoung.com

좋은 독자가 좋은 책을 만듭니다.
김영사는 독자 여러분의 의견에 항상 귀 기울이고 있습니다.

| 저자 서문 |

나는 가끔 다른 저자들의 서문을 읽을 때마다, 거기에 언급되어 있는 사람들이 저자의 말처럼 정말 그렇게 큰 공헌을 했을까 하고 궁금해 하곤 했다. 그러나 내가 여기서 언급하는 이들은 정말로 이 책의 탄생에 중요한 공헌을 했으며, 그중 몇 분은 결정적인 공헌을 했음을 밝혀두고자 한다.

 지난 연구 경력을 돌이켜볼 때, 나의 가장 뛰어난 대학원생들은 최근 몇 년간 나와 함께 연구를 수행한 학생들이었다. 그들이 없었다면 이 책은 애초부터 불가능했을 것이다. 실제로 이 책에 소개되어 있는 상당수의 실험들은 이 학생들에 의하여 수행되었다. 그들의 이름은 다음과 같다. 최인철, 메리언 데이비스, 트레이 헤든, 지 리준, 루잔, 다카히토 마스다, 마이클 모리스, 아라 노렌자얀, 펑카 이핑, 제프리 산체스-버크스. 또한 수잔 앤더슨, 스콧 애트런, 패 트리샤 청, 로렌스 허슈펠드, 필립 아이반호, 징치청, 고든 케인, 시노부 기타야마, 헤이즐 마커스, 도널드 먼로, 데니스 파크, 리 로스, 에드워드 E. 스미스, 스티븐 스티치, 프랭크 예이츠 등과의 토론을 통하여 많은 지적 도움을 받았다. 그들은 동양과 서양에 대한 나의 이해에 깊이와 넓이를 더해주었다.

또한 리처스 캐시디, 차운아, 도브 코헨, 조 헨리히, 피터 카첸슈타인, 조엘 쿠퍼맨, 대린 리먼, 데이비드 류, 아바샤이 마르갈리트, 유리 미야모토, 랜돌프 네스, 유 니야, 파올로 소사 등 소중한 시간을 할애하여 이 책의 초기 원고들을 꼼꼼히 읽고 조언해준 분들께 감사드린다.

프리 프레스(Free Press)의 필립 래퍼포트는 전체적으로 책의 내용을 더 명료하고 읽기 쉽게 편집해주었고, 필립 멧캐프는 원고 교정을 훌륭하게 해주었다. 그리고 이 책의 에이전트를 맡아준 존 브로크먼과 카티나 맷슨에게도 감사한다. 일반 대중에게 과학을 알리려는 그들의 진지한 노력 덕분에 이 책이 세상에 나올 수 있었다.

연구를 진행하고 이 책을 집필하는 동안 많은 학술재단으로부터 연구비를 지원받는 행운을 누렸다. 특히 이 연구의 베이스캠프 역할을 했던 '문화와 인지' 프로그램에 대한 미시간대학 산하 ISR (Institute for Social Research)의 넉넉한 지원에 감사를 드린다. ISR의 스태프인 낸시 엑셀비, 메리 컬린, 로라 레이놀즈 그리고 러셀세이지 재단의 에릭 로마조프는 연구를 진행하고 집필하는 모든 과정을 항상 세심하게 챙겨주었다. 그들 덕분에 불필요한 잡무의 부담을 덜 수 있었고, 자칫 지치기 쉬운 작업을 늘 유쾌하게 할 수 있었다.

마지막으로 내 아내 수잔은 이 책에 대해 많은 조언을 해주었을 뿐 아니라, 더 중요하게는 아들 매튜, 딸 사라와 함께 내가 연구를 하는 것에서 큰 보람을 찾을 수 있도록 늘 함께 해주었다. 특히 아들 매튜는 나 못지않게 동양 문화에 큰 관심을 갖고 있다. 그가 나보다 훨씬 더 많은 것을 배울 수 있기를 소망하면서 이 책을 매튜에게 바친다.

동양인과 서양인 사이에 존재하는 사고의 차이에 대하여 책을 써야겠다는 생각이 처음 떠올랐을 때 나는 무척 망설였다. 왜냐하면 아무리 동양과 서양의 차이에 대하여 균형 잡힌 시각으로 책을 쓰더라도 내가 서양인인 이상, 나의 의도와는 상관없이 동양인들에게 불쾌하게 비칠 수도 있기 때문이다. 설령 서양인들의 사고 방식을 비판하고 동양인들의 사고 방식을 더 호의적으로 기술한 내용이 많다 할지라도 '동양'과 '서양'이라는 이분법을 사용하는 것이, 인종적으로 민감한 미국의 정치적 분위기에서는 동양인들에게 언짢은 일일 수 있다. 특히나 이 책이 전문가들보다는 일반인들을 대상으로 씌어졌기 때문에 더 불안했다.

그러나 다행히도 나의 이런 걱정은 기우에 불과했다. 이 책을 읽어본 동양인들과 동양계 미국인들의 대부분은 이 책의 내용에 큰 관심을 보였고 때로는 찬사를 보내주었다. 이 책을 수업 교재로 사용한 교수들에 따르면 동양 학생들과 동양계 미국 학생들이 이 책의 내용이 그들의 경험과 매우 일치한다며 만족해 했다고 한다. 어떤 학생들은 이 책으로 용기를 얻었다고 말한다. 그들은 미국에서 살면서 늘 유럽계 미국인들과 자신의 사고 방식의 차이를 절감하고 있었고 자신의 사고 방식이 더 열등하다는 걱정을 많이 했다는 것이다. 그러나 이 책을 통하여 동양과 서양의 사고 방식이 우열의 문제가 아니라 상호보완적 관계에 있음을 알게 됨으로써 자신감을 가지게 되었다는 것이다. 분명 서양 독자들도 그런 느낌을 가졌을 것이다.

이 책에 소개되어 있는 연구나 이론은 후속 연구들을 통하여, 그리고 더 중요하게는 독자들의 피드백을 통하여 계속해서 수정 보완될 것이다. 그런 의미에서 이 책의 한국어판이 나오게 된 것에 진심으로 감사를 드린다. 특히 고마운 일은 이 책의 번역이 다른 사람이 아닌 최인철 교수에 의해 이루어졌다는 점이다. 최 교수는 미시간대학에서 나의 대학원생으로 함께 연구를 수행했으며 많은 연구들에 결정적인 공헌을 했다. 국제적으로 촉망받고 있는 소장 학자에 의해 번역이 이루어진 만큼 한국어판도 영어판과 마찬가지로 독자들에게 풍부한 정보와 지적 도전을 제공해줄 것이라고 확신한다.

2003년 겨울
미시간 주 앤아버에서 리처드 E. 니스벳

차례

저자 서문 5
한국어판 저자 서문 8
서론 13

1
동양의 도와 서양의 삼단논법 25
고대 그리스와 중국의 철학, 과학, 그리고 사회 구조

2
동양의 더불어 사는 삶, 서양의 홀로 사는 삶 51
현대 동양인과 서양인의 자기 개념

3
전체를 보는 동양과 부분을 보는 서양 81
세상을 지각하는 방법의 차이

4
동양의 상황론과 서양의 본성론 107
동양과 서양의 인과론적 사고

5

동사를 통해 세상을 보는 동양과 명사를 통해 세상을 보는 서양 133

동양의 관계와 서양의 규칙

6

논리를 중시하는 서양과 경험을 중시하는 동양 157

서양의 논리와 동양의 중용

7

동양과 서양의 사고 방식의 차이, 그 기원은? 185

경제 구조와 사회적 행위

8

동양과 서양, 누가 옳은가? 201

실생활에 주는 교훈

에필로그 | 동양과 서양의 사고 방식, 충돌할 것인가, 통일될 것인가? 223
역자 후기 231
참고 문헌 234

서론

수년 전에 나는 중국 출신의 한 대학원생과 함께 사회심리학적 주제와 인간의 사고 방식에 관하여 연구를 진행하고 있었다. 연구를 시작한 지 얼마 지나지 않아 그 학생은 "교수님, 교수님과 저의 차이점이라면, 저는 세상을 원이라고 생각하는 반면 교수님은 세상을 직선으로 생각하신다는 점입니다"라고 내게 말하는 것이었다. 내가 당혹스러워한다는 것을 분명히 알았음에도 불구하고, 그는 자기의 생각을 계속해서 말했다. "중국 사람들은 사물은 늘 변화하며 언젠가는 다시 원점으로 회귀한다고 믿습니다. 그들은 아주 많은 사건들에 동시에 주의를 기울이고 사물들 간의 관계성을 파악하기 위해 노력합니다. 중국 사람들은 전체를 고려하지 않고 부분만을 떼어내서 이해하는 것은 불가능하다고 생각합니다. 그런데 제가 볼 때 서양 사람들은 훨씬 더 단순하고 기계적인 세상에 살고 있습니다. 그들은 큰 그림보다는 부분적인 사물 그 자체, 혹은 사람 자체에 주의를 기울입니다. 뿐만 아니라 사물의 행위를 지배하는 규칙을 알고 있기 때문에 자신들이 상황을 통제하고 있다고 믿는 것 같습니다."

물론 처음에 나는 그의 말에 회의적이었다. 서양의 경험주의 철학자들인 흄(Hume), 로크(Locke), 밀(Mill)로부터 현대 인지 과학자들에 이르는 서구의 지적 전통을 물려받은 나로서는 인간의 사고 과정에 관한 한 철저한 보편주의자였다. 나는 사람들이 문화에 상관없이 동일한 방법으로 생각하고 지각한다고 믿고 있었다. 나를 포함한 보편주의자들은 다음과 같은 생각을 강하게 가지고 있었다.

- 인간은 누구나 동일한 인지 과정을 가지고 있다. 마오리족의 지도자이든지 현대의 벤처 사업가이든지 지각, 기억, 인과분석, 범주화, 그리고 추론 과정에 있어서 동일하다.
- 만일 어떤 문화권의 사람이 다른 문화권의 사람과 신념 체계가 다르다면, 그것은 그들이 세상의 다른 측면을 보거나 아니면 단순히 다른 내용을 교육받았기 때문이지 서로 다른 인지 과정을 가지고 있기 때문은 아니다.
- 고등 추론 과정은 논리학의 형식 논리에 따른다. 예를 들어, 모순된 것을 수용해서는 안 된다는 추론은 "어떤 명제가 참이면서 동시에 거짓일 수 없다"라는 형식 논리에 따른다.
- 인간의 사고 과정 자체는 사고의 내용과는 독립적이다. 다시 말해 서로 다른 대상들에 대해서도 동일한 사고 과정이 작용한다.

그 중국 학생을 만나기 약 12년 전에 나는 스탠퍼드대학의 리 로스(Lee Ross) 교수와 함께 『인간의 추론Human inference』이라는 책을 쓴 적이 있다. 그 책의 제목은 '서양인의 추론'도 아니고 '미국 대학생의 추론'도 아닌, 분명 '인간의 추론'이었다. 그때까지만 해도 나는 사람들이 문화가 달라도 동일한 추론 규칙을 사용한다고 믿었기에 감히 그런 제목을 달았던 것이다. 그리고 그 학생을 만나기 바로 직전에 인간의 추론 능력이 교육에 의해 바뀔 수 있는지에 대한 일련의 연구들을 수행했었다. 전형적인 보편주의자였던 나는 아무리 오랫동안 통계학이나 경제학 같은 특정 분야에서 교육을 받는다고 하더라도 추론 방식이 쉽게 바뀌지는 않을 것이라고 가정했다. 그러나 놀랍게도 나는 이 연구들에서 그 반대의 결과를 발견하게 되었다. 예를 들어, 통계학 수업을 몇 개만 들은 학생들도 일상 생활에서 보통 사람들이 범하는 추론의 오류를 덜 범했다. 그들은 야구에서 '2년차 징크스'라고 불리는 현상이 다른 이유 때문이 아니라 순전히 통계적인 현상인 '평균으로의 회귀'라는 사실을 알고 있었다. 또한 그들은 사람을 채용할 때 사용하는 '면접'은 어떤 사람의 행동에 대한 매우 적은 수의 표본이기 때문에 그보다 훨씬 많은 정보를 담고 있는 서류를 더 많이 사용해야 한다는 점도 알고 있었다. 뿐만 아니라 연구에 의하면, 경제학자들은 거의 모든 문제에 있어서, 예를 들면, 재미없는 영화를 계속 보아야 할 것인지 아니면 극장을 나와야 할 것인지의 문제에서부터 대외 정책에 이르기까지 다양한 문제들에 대하여 보통 사람들과는 다르게 생각하고 있었다. 이에 더하여 나는 아주 짧은 시간 동안의 훈련을 통해서도 사람들의 추론 방법과 실제 행동이 바뀔 수 있음을 이 연구들을 통하여 알게 되었다. 일종의 문화의 힘을 인식하게 된 것이다. 그래서 나는 현재 버클리대학의 심리학과 교수인 펑카이핑이라는 그 중국 학생의 주장을 검증해보기로 했다. 교육에 의해서 성인들의 추론 방식이 바뀔 수 있다면, 서로 다른 문화의 사람들은 태어나는 순간부터 특정한 사고의 습관을 가지도록 끊임없이 사회화될 것이고 그 결과 서로 다른 사고 습관을 가지게 될 것이다.

나는 곧장 동양과 서양의 사고 방식에 대한 철학자, 인류학자, 역사학자들의 저술을 탐독하기 시작했다. 시간이 지날수록 나는 펑카이핑의 주장이 근거가 있음을 알게 되었다. 심리학자들이 인간 사고의 보편성을 주장하는 반면, 다른 학문 분야의 학자들은 서양인들, 즉 주로 유럽인, 미국인, 그리고 영연방 계통 국가 사람들이 한국, 중국, 일본 사람들 같은 동아시아 사람들과 매우 다른 사고 체계를 수천 년 동안 유지해왔음을 너무나 당연시하고 있었다. 더욱이 그들은 동양과 서양의 차이에 대해서도 놀라울 정도로 의견의 일치를 보이고 있었다. 예를 들면, 그들은 서양인들이 물리적 사물, 동물, 사람을 모두 포함한 사물의 행동을 설명할 때 아주 분명한 규칙들에 의거한다고 한결같이 가정하고 있었다. 그들에 따르면, 서양인들은 범주화에 지대한 관심을 가지고 있고, 범주를 알게 되면 어떤 사물이 속하는 특정 범주를 지배하는 규칙을 사용하여 그 사물의 행동을 설명할 수 있다고 믿는다. 그리고 문제 해결 과정에 형식논리를 사용하는 경향이 강하다. 이에 반하여 동양인들은 사물들을 전체 맥락 속에서 파악하고자 한다. 그들에게 세상은 매우 복잡한 곳으로 간주되기 때문에 어떤 사건을 이해하기 위해서는 수없이 많은 관련 요인들을 함께 고려해야 한다. 문제 해결에서 형식논리는 거의 사용되지 않는다. 실제로 지나치게 논리적으로 문제를 해결하려는 사람은 미숙한 인간으로까지 간주된다.

심리학자인 나에게 인간의 사고가 문화에 따라 다를 수 있다는 주장들은 그 시사하는 면에서 가히 혁명적이었다. 만일 인문학자들과 다른 사회과학자들의 그러한 주장이 옳다면, 심리학자를 비롯한 인지과학자들은 완전히 잘못된 생각을 하고 있는 셈이었다. 인문학자들과 다른 사회과학 분야의 학자들은 정확한 용어로 표현만 안 했을 뿐 사실상 다음과 같은 세 가지의 근본적인 주장을 하고 있다.

첫째, 다른 문화권의 사람들은 서로 다른 '민속 형이상학(세상의 본질에 대한 사람들의 생각)'을 가지고 있다.

둘째, 다른 문화권의 사람들은 서로 다른 '사고 과정'을 가지고 있다.

셋째, 사고 과정은 '사고의 내용' 혹은 민속 형이상학과 분리될 수 없다. 즉 사람들은 자신이 세상을 이해하는 내용과 부합하는 사고 방식을 사용한다.

동양과 서양의 사회 구조에서의 차이, 그리고 동양인들과 서양인들의 자기 개념에서의 차이는 그들이 사고 과정과 사고 내용에서 보이는 차이와 일치한다. 즉, 동양 사회의 집합주의적이고 상호의존적인 특성은 세상을 보다 넓게 종합적으로 보는 시각, 어떤 사건이든지 수없이 많은 요인들과 복잡하게 얽혀 있는 것으로 보는 견해와 일맥상통한다. 같은 논리로, 서양 사회의 개인주의적이고 독립적인 특성은 개별 사물을 전체 맥락에서 떼어내어 분석하는 그들의 접근, 사물들을 다스리는 공통의 규칙을 발견할 수 있고 따라서 사물의 행동을 통제할 수 있다는 그들의 신념과 통한다. 다른 문화권의 사람들이 사고의 체계에서 정말로 다르다면, 태도, 신념, 가치, 선호와 같은 심리적 특성들에서 나타나는 문화간의 차이는 단순한 차이가 아니라 세상을 이해하는 데 사용하는 생각의 도구가 다르기 때문에 나타나는 불가피한 결과일 것이다.

그 중국 대학원생의 도전과 문화심리학에 대한 나의 관심, 그리고 동서양 차이에 대한 다른 학문 분야의 연구, 이 세 가지를 바탕으로 하여 나는 이 분야에 대한 새로운 연구 프로그램을 시작했다. 내가 재직하고 있는 미시간대학의 대학원생들과 중국의 베이징대학, 일본의 교토대학, 한국의 서울대학, 그리고 중국의 심리 연구소와 함께 많은 체계적인 실험 연구를 수행했다. 그 결과, 동양인과 서양인 사이에는 실제로 큰 생각의 차이가 존재한다는 사실을 실증적으로 밝힐 수 있었다. 연구 증거들은 심리학 외의 분야에서 오랫동안 주장해온 것들에 대한 경험적 지지였을 뿐만 아니라, 지금까지 알려지지 않은 새로운 현상들이 많이 존재한다는 것 또한 보여주었다. 많은 조사 연구와 관찰 연구들은 사고의 차이와 맥을 같이 하는 사회 제도상의 차이도 밝혀냈다. 이전의 연구보다 더 진일보한 점이라면 우리가 수행한 연구 결과들에 근거하여 동양과 서양의 생각의 차이에 대한 '이론'을 정립할 수 있게 되었다는 것이다. 다시 말해, 동양과 서양의 생각의 차이는 어디에서 기원한 것이며, 이러한 차이들이 일상 생활에 미치는 영향은 무엇이고, 두 문화 사이의 국제 관계에 어떤 영향을 끼칠 수 있는지를 포함하는 이론을 만들 수 있게 되었다.

사회적 존재 방식과 사고 방식에서의 동서양 차이를 설명하는 우리의 이론은 그동안 교육학자, 역사학자, 과학철학자, 심리학자들에게 수수께끼와 같았던 다음과 같은 많은 의문점들에 답을 제시해줄 수 있게 되었다.

과학과 수학 왜 고대 중국에서는 연산과 대수학은 발달했지만 기하학은 발달하지 못했을까? 어떻게 고대 그리스는 기하학에서 눈부신 진보를 보였을까? 현대의 동양인들이 서양인들보다 수학과 과학을 잘하는데도 불구하고, 그 분야에서의 최첨단 발전은 왜 서양에서 더 두드러질까?

주의 과정과 지각 과정 왜 동양인들은 서양인들보다 사건들 간의 관련성을 잘 파악하는 것일까? 반대로 주변 환경에서 개별 사물을 분리하는 과제에서는 왜 동양인들이 서양인들보다 더 어려워할까?

인과적 추리 왜 서양인들은 사람의 행동을 설명할 때 상황적인 요인은 무시하고 그 사람의 내부 특성만을 강조할까? 왜 동양인들은 어떤 일이 발생하고 나면 '내가 처음부터 그럴 줄 알았지'라는 후견 지명 효과를 강하게 보일까?

지식의 조직화 왜 서양의 유아들은 동사보다는 명사를 더 빠른 속도로 배울까? 그 반대로 왜 동양의 유아들은 명사보다는 동사를 더 빨리 배울까?

추론 과정 왜 서양인들은 일상적인 문제를 해결할 때에도 형식논리를 자주 사용할까? 왜 동양인들은 명백하게 모순되어 보이는 두 주장들을 동시에 받아들일까? 동양인들과 서양인들이 각각 특징적으로 범하는 추론의 실수는 무엇일까?

동양과 서양의 사고에 존재하는 이렇듯 큰 차이의 기원은 무엇일까? 생물학적 요인일까, 그것도 아니면 언어의 차이일까? 경제 구조의 차이일까 아니면 사회 구조의 차이일까? 그것도 아니라면 교육의 차이일까? 이러한 차이들은 수백 년 후에는 어떻게 될까?

동양과 서양이 여러 분야에서 나타내는 차이는 '항상성'을 가지고 있다. 즉, 특정한 사회적 행위들은 특정한 세계관을 가져오고, 그 세계관은 특정한 사고 과정을 유발하며, 그 사고 과정은 역으로 원래의 사회적 행위들과 세계관을 다시 강화시킨다. 이런 항상성을 이해하는 것은 인간 사고의 본질을 이해하는 데 매우 중요하다. 또한 주어진 사회적 조건에서 어떻게 사고하는 것이 바람직하고, 또 다른 문화권의 사람들에게 어떤 사고 방식을 가르치는 것이 중요한지를 논하는 데에도 큰 도움이 될 것이다.

이 책은 동양과 서양이 서로의 사고를 이해함으로써 더 성숙한 관계를 맺을 수 있음을 시사한다. 많은 동양인들은 지난 500년 동안 서양이 군사적·정치적·경제적 우위를 배경으로 지적인 독선과 오만에 빠져 있었다고 지적한다. 타당한 지적이다. 이제 이 책을 읽은 서양의 독자들은 세상을 이해하고 문제를 해결하는 데 자신의 방법과는 다른 또 하나의 타당한 방법이 있다는 것을 알게 될 것이고, 그로 인해 스스로의 접근법을 점검하고 겸손해질 수 있을 것이다. 동양의 독자들도 이 책을 통하여 서양 사고의 특징을 알고 각 사고의 좋은 면들을 취하게 될 것이다. 물론 동양의 많은 지식인들은 이미 서양식 사고에 익숙해 있기 때문에 어쩌면 서양 독자들보다는 이 책으로부터 배울 점이 덜할지도 모르겠다.

동양과 서양 사이의 매우 상이한 사고 체계가 과거 수천 년 동안 계속되어왔고 지금도 그 차이가 유지되고 있다는 사실을 증명하기 위하여 이 책에서는 역사적·철학적 증거들과 함께 민속지학, 조사 연구, 실험실 연구들과 같은 현대 사회과학의 연구 결과들을 총 동원하였다.

1장에서는 공자와 아리스토텔레스를 동서양 사고의 전형적인 예로 들면서 고대 중국과 고대 그리스의 차이에 대하여 기술하였다. 2장에서는 사회적 행위, 특히 자기 개념에서 두 문화가 어떻게 다른지 소개했다. 이 책의 핵심은 사실상 3장부터 6장에 포함된 내용이다. 이 장들에서는 실험 연구를 통해 얻은 결과들에 근거하여 현대의 동양인과 서양인이 지각하고, 사고하고, 추론하는 과정에서 보이는 차이들을 기술하였다. 7장은 그러한 문화적 차이의 기원이 무엇인지에 대해 논하고 8장에서는 동양과 서양의 사고 방식의 차이가 심리학, 철학, 그리고 일상 생활의 분야에 어떤 시사점을 주고 있는지에 대해 다루었다. 마지막으로 에필로그에서는 동서양의 사고 방식의 차이가 앞으로 더 커질 것인지, 아니면 한쪽으로 통합될 것인지, 아니면 중간으로 수렴될 것인지에 대해 논했다.

　독자들의 이해를 돕기 위하여 한 가지 밝혀둘 점이 있다. 이 책에서 '동양'이라 함은 '동아시아', 즉 중국과 중국 문화의 영향을 많이 받은 문화, 대표적으로 한국과 일본을 주로 칭한다. 또한 '서양인'은 주로 '유럽 문화권'의 사람들을 칭하고, '유럽계 미국인'은 미국 내에서 동양계가 아닌 모든 인종, 즉 백인, 흑인, 라틴아메리카계를 포함한다. 미국 내에 존재하는 다양한 인종을 하나로 묶어서 취급하는 이유는 미국에서 태어나고 자란 사람이라면 누구나 유사한 문화적 영향 하에 놓여 있기 때문이다. 물론 이들이 모두 동일하게 미국적이라는 것은 아니다. 동양계 미국인들의 경우에는 다른 인종들과 함께 미국인으로 간주될 수도 있지만 우리가 수행한 몇몇 연구들에서 그들은 미국인보다는 동양인과 더 유사한 사고 방식을 나타냈다.

　마지막으로, 이 책을 읽으면서 가지게 될지도 모르는 한 가지 오해를 미리 풀고자 한다. 상당수의 독자들은 아마도 동양 내의 문화 차이를 무시하고 이들을 하나로 묶어서 '동양인'으로 논하는 것이 불쾌할지도 모른다. 동양 문화와 서양 문화를 잘 알고 있는 독자들은 특히 못마땅할 것이다. 그러나 여기서 밝혀둘 점은 편의상 그렇게 칭한다고 해서 그들이 모두 동일하다고 주장하는 것은 아니라는 점이다.

동양 내에도 많은 하위 문화들이 있고 그들 사이에 문화간 차이가 존재한다. 서양도 물론 마찬가지이다. 그러나 그럼에도 불구하고 '동양' 혹은 '서양'이라는 다소 단순한 이분법을 사용하는 이유는 동양 내에서도 문화 차이가 존재하지만 동양 내의 국가들은 서양 국가들과 비교했을 때 서로 더 유사하기 때문이다. 서양의 경우도 마찬가지이다. 유사한 예를 언어 연구에서 찾아볼 수 있다. 인도유럽 언어들 사이에는 서로 많은 차이가 존재한다. 동아시아 언어들 간에도 마찬가지이다. 그렇지만 인도유럽계 언어와 동아시아 언어 사이에 '평균적'으로 존재하는 차이에 대하여 충분히 논할 수 있고, 그러한 논의는 실제로 매우 의미 있는 작업인 것이다.

The Geography of Thought :

How Asians and Westerners Think Differently...and Why

1

동양의 도와 서양의 삼단논법

유교적 사고에 있어서 구체적인 행위와
관련되지 않은, 즉 실용적이지 않은 순수한
의미에서의 '앎'이라는 것은 없었다.

오늘날 지구상에 살고 있는 사람들 중 약 10억 정도가 고대 그리스의 지적 전통을 물려받은 사람들이라면, 그보다 훨씬 많은 20억 정도는 고대 중국의 지적 전통을 물려받았다. 그런데, 지금부터 2,500년 전의 고대 그리스와 중국은 인간을 바라보는 관점과 사회 구조 면에서 매우 달랐을 뿐만 아니라, 철학과 문명에 있어서도 서로 극명한 대조를 이루고 있었다. 흥미로운 점은 그런 차이들이 현대를 살고 있는 동양과 서양 사람들의 사고 방식에 큰 차이를 가져왔다는 점이다.

개인의 자율성을 중시했던 고대 그리스

그리스의 에피다우루스(Epidaurus)라는 곳에 가면 약 1만 4,000명을 수용할 수 있는 고대 극장이 있다. 이 극장의 주위는 산과 나무들이 어우러져 빼어난 절경을 이루고 있으며, 특히 이 극장의 음향 시스템은 무대에서 종이 한 장을 구기면 극장 어디에서나 그 소리를 들을 수 있을 정도로 뛰어나다고 한다. 그러나 이러한 극장 시설보다 더 놀라운 것은 기원전 6세기에서 기원전 3세기 사이에 살았던 그리스인들의 문화에 대한 열정이다. 그들은 자신이 좋아하는 연극이나 시 낭송을 보기 위해서라면, 아무리 먼 거리라도 마다하지 않고 이 극장으로 달려와서 새벽부터 황혼까지 며칠씩 공연을 관람했다고 한다.

요즘의 관점에서 본다면 자신이 좋아하는 공연을 보기 위해 이 정도의 노력을 하는 것은 그리 대단한 일이 아니다. 그러나 당시의 여러 문명들 중에서 유독 그리스인들만이 예술적인 즐거움, 오직 그 하나를 위해 먼 여행도 감행할 만큼의 자유를 누리고 있었다는 점은 매우 주목할 만한 사실이다. 이와 더불어 고대 그리스 사회에서 발견되는 또 다른 놀라운 사실은, 올림픽이 열릴 때가 되면 그리스인들은 선수나 관중으로 참가하기 위해 벌이고 있던 전쟁마저도 중지했다는 점이다.

그리스인들은 자신의 삶을 스스로 통제할 수 있다는 확신이 유독 강했다. 그 시대의 다른 문화권에서는 왕의 한마디가 곧 법이었고, 왕에게 대항하는 것은 곧 죽음을 의미했다. 그러한 사회에서 시민들이 자유롭게 여행을 한다는 것은 상상 속에서나 가능한 일이었다. 통치자의 입장에서도 개인에게 그러한 자유를 허용하는 것은 매우 위협적인 일이었으므로 허락하지 않았던 것이다.

이처럼 그리스인들은 다른 문화권에서는 찾아보기 힘든 개인의 자율성에 대한 신념을 가지고 있었다. 즉, 자신의 삶은 스스로 주관하는 것이므로 자신이 원하는 대로 자유롭게 행동할 수 있다는 확신을 가지고 있었다. 이러한 생각은 '행복'에 대한 그들의 정의에서도 뚜렷이 나타난다. 그리스인들이 정의하는 행복이란 '아무런 제약이 없는 상태에서 자신의 능력을 최대한 발휘하여 탁월성을 추구하는 것'이었다.

개인의 자율성에 대한 그리스인들의 강한 신념은 개인 정체성에 대한 강한 인식 때문에 가능한 것이었다. 그들은 인간을 '독특한 특성과 목표를 가진 상호 개별적인 존재'로 파악했다. 이 점은 기원전 8세기(혹은 기원전 9세기) 작가인 호메로스(Homeros)의 작품 속에서도 분명하게 나타난다. 『오디세이아Odyssey』와 『일리아스 Ilias』에 등장하는 신이나 인간들은 모두 나름대로의 개성을 지닌 독특한 존재들이었던 것이다.

'개인의 자율성'을 중시하였던 고대 그리스 문화는 자연스레 논쟁의 문화를 꽃피웠다. 호메로스는 남자의 능력을 평가하는 근거로 전사로서의 전투 능력과 논쟁자로서의 논쟁 능력을 들었다. 고대 그리스에서는 일개 평민일지라도 왕의 의견에 반기를 들고 왕과 논쟁을 벌일 수 있었고, 설득을 통하여 군중을 자신의 편으로 만들 수 있었다. 논쟁은 저잣거리에서도, 의회에서도 벌어졌으며 심지어는 위계 질서가 엄격한 군대 내에서도 일어났다. 다른 문화권에서와는 달리 그리스에서는 국가의 중대사에서부터 매우 사소한 문제에 이르기까지 많은 일들이 공개적인 논쟁을 통하여 결정되었다. 사정이 이러하니, 고대 그리스에서 독재가 그리 많이 발생하지 않았고 설사 독재자가 득세하더라도 곧 과두 정치나 민주주의(기원전 5세기경)로 대체된 것은 그리 놀라운 일이 아니다. 실제로 드레루스(Drerus)라는 도시에서는 시장의 임기가 끝난 뒤 10년이 지나기 전까지는 다시 시장이 될 수 없도록 하여 독재의 길을 원천적으로 봉쇄하였다.

그리스 문화에서는 자유와 개성만큼이나 세상에 대한 '호기심'이 중시되었다. 아리스토텔레스는 호기심이야말로 인간을 인간이게 하는 특성이라고 주장했다. 성경의 「사도행전」에서는 아테네 사람들에 대해 "오직 새로운 것을 말하고 듣는 것에만 관심이 있다"라고 기술하고 있다. 그리스인들은 그 누구보다도 우주의 원리에 대한 호기심이 강했고, 우주의 운행 원리에 관한 나름의 이론적 모델들을 만들어냈다. 우주에 대한 강한 호기심은 그리스 문화가 물리학, 천문학, 기하학, 형식논리학, 이성철학, 민속지학 같은 분야에서 탁월한 업적을 세우는 데 원동력으로 작용했다. 어떤 학자들은 그리스인들이 그 분야들을 만들었다고까지 주장한다.

물론 과학 영역에 대한 체계적 접근이 그리스 문화에만 국한되었던 것은 아니다. 동시대의 다른 문화권이나 훨씬 이전의 메소포타미아 문명, 이집트 문명, 그리고 이후의 마야 문명에서도 그러한 체계적인 관찰들이 발견된다. 그러나 중요한 것은 오직 그리스 문화만이 그러한 관찰을 통하여 어떤 '원리(principle)'를 발견하려고 했다는 점이다. '기본 원리를 추구하는 행위' 자체가 그리스인들에게는 큰 즐거움이었다. 영어의 'school'에 해당하는 그리스어 'schole'가 '여가(leisure)'를 의미한다는 것만 보아도 이를 짐작할 수 있다. 그리스인들에게 있어서 여가란 다름 아닌 지식을 추구하는 자유를 의미했다.

개인의 '관계'를 중시했던 고대 중국

그리스에서 개인의 자율성이 중요했다면, 중국에서는 조화로운 인간 관계가 중요했다. 중국인들은 어릴 때부터 자신이 어떤 집단의 구성원, 특히 가족의 구성원이라는 점을 가장 중요한 사실로 교육받는다. 그리스인들에게 있어서 개인이 특정 상황에 구속되어 있지 않은 독립적인 존재였다면, 중국인들에게 있어서 개인은 '특정 집단에 소속된 구성원'이었다. 그리스인들이 연극이나 시 낭송을 관람하는 것을 특별한 일로 생각한 반면, 동시대의 중국인들은 친구나 친척을 방문하는 것을 특별한 행사로 여겼다. 철학자 헨리 로

즈먼트(Henry Rosemont)는 중국 사회의 특징을 이렇게 평했다.

초기 유교 신봉자들에게 '나'라는 존재는 타인과의 관계 맺음과 그 속에서 부여되는 역할들의 총체일 뿐, 결코 독립된 존재가 아니었다. 결국 그들의 정체성은 역할에 따라 결정되므로 역할이 바뀌면 정체성도 당연히 바뀐다. 즉, 완전히 '다른 나'가 되는 것이다.

중국인들은 또한 주변 환경을 자신에 맞추어 바꾸기보다는, 자신을 주변 환경에 맞추도록 수양하는 일을 중시했다. 끊임없는 자기 수양을 통하여 가족과 마을 사람들과 조화를 이루고 통치자의 명령에 순종하려고 노력했다. 그리스인들에게 행복은 '자신의 자질을 자유롭게 발휘하는 것'이었지만, 중국인들에게 행복이란 '화목한 인간 관계를 맺고 평범하게 사는 것'이었다. 이 때문에 그리스의 꽃병이나 술잔에는 전투나 육상 경기처럼 개인들이 경쟁하는 모습이 그려져 있는 반면, 중국의 도자기나 화폭에는 가족의 일상이나 농촌의 한가로운 정경이 자주 등장한다.

그렇다고 해서 고대 중국인들이 권력자나 가족의 권위에 한없이 휘둘리기만 하는 무력한 존재였던 것은 아니다. 단지 그들에게는, 개인의 자율성보다는 '집단의 자율성'이 우선이었을 뿐이다. 중국의 핵심 도덕인 유교에 따르면 인간은 군주와 백성, 부모와 자식, 남편과 아내, 노인과 젊은이, 친구와 친구 등의 수많은 관계들 속에서 마땅히 지켜야 하는 의무를 지니고 있는 관계적 존재이다. 사회는 하나의 커다란 유기체이고, 개인은 그 유기체의 한 구성원이다. 그리고 그 유기체 내에는 서로 지켜야 하는 의무들이 존재하고, 개인들은 그 의무를 준수하는 윤리적인 행위를 해야 한다. 고대 중국인들의 사회 생활은 이처럼 사회에서 부여한 역할들을 충실히 수행하는 것으로 이루어졌다. 그리스인들의 생활을 좌우했던 개인의 사적인 자유라고는 거의 없었다. 중국인의 일상에서 개인의 권리란 '자신이 원하는 대로 행할 수 있는 권리'가 아니라, '공동체 전체의 권리 중 자신의 몫을 담당하는 것'이었다. 따라서 중국 사회는 사람들 사이의 논쟁을 인간 관계를 해치는 위험한 요소로 간주했다. 기원전 600년에서 기원전 200년까지 '백가쟁명'의 시기가 잠시 있었지만, 이 시기에도 비교적 정중한 형태의 논쟁이 주를 이루었을 뿐 공개적인 이의 제기 같은 것은 회피되었다. 저명한 과학철학자 제프리 로이드(Geoffrey Lloyd)는 이 점에 대하여 다음과 같이 적고 있다.

중국의 철학이나 의학, 그리고 그 외의 많은 영역에서 서로 다른 관점에 대한 비판이 존재했던 것은 사실이다. 그러나 중국인들은 다른 사람의 의견에도 일리가 있다는 지적인 양보와 타협을 그리스인들보다 훨씬 빨리 이끌어냈다.

중국의 음악이 대체로 단선율이라는 사실은 중국인들이 얼마나 '일치'를 좋아하는지 단적으로 보여주는 예이다. 노래하는 사람들은 동일한 선율을 동시에 불렀고 악기들도 동시에 같은 선율을 연주했다. 그러나 이와는 대조적으로, 그리스인들은 서로 다른 악기와 서로 다른 목소리가 동시에 다른 선율을 연주하는 다성 음악을 선호했다.

중국인들이 인간 관계의 조화를 중시했다고 해서 줏대 없이 다른 사람의 의견을 맹목적으로 따라갔다는 의미는 아니다. 공자는 선비들이 조화를 추구해야 한다고 강조하면서도, 그것을 단순히 남을 따르려는 동조 욕구와 구별했다. 유교 경전 중 하나인 『좌전 左傳』은 이 두 가지를 요리에 비유하여 설명하고 있다.

훌륭한 요리사는 서로 다른 맛을 잘 섞어서 조화롭고 감미로운 새로운 맛을 만들어낸다. 이때 각각의 맛들은 자신의 고유의 맛을 잃어버리지 않고 유지하면서도 서로 조화를 이루어 더 훌륭한 맛을 만들어낸다.

고대 중국인과 그리스인들은 이처럼 인간을 보는 기본적인 관점에서 서로 달랐을 뿐만 아니라, 자연 세계를 이해하는 방법에서도 크게 달랐다. 중국인들이 천체를 관찰한 주된 이유는, 하늘에서 일어나는 일들을 관찰하면 땅에서 일어나는 중요한 사건들, 주로 왕실과 국가와 관련된 일들을 예측할 수 있다고 믿었기 때문이었다. 그러나 천체에서 발생하는 일들이 인간사와는 무관하게 자기 나름의 규칙에 의해 일어난다는 사실을 알고 나서는 천체에 대한 호기심이 금세 사그라들고 말았다.

고대 중국인들이 고대 그리스인들에 비하여 자연 세계 그 자체에 대한 호기심은 약한 편이었지만, 실용적인 정신은 뛰어났다. 그 결과 그리스인들보다 훨씬 앞서 잉크, 자기, 관개 장치, 자석 나침반, 손수레, 파스칼 삼각자, 지진계, 면역 기술, 수량적 지도제작기법, 외륜보트, 방수선실, 등자쇠 등을 처음으로 또는 독자적으로 개발했다. 중국인들이 이런 것들을 일상적으로 사용하고 있을 때 그리스인들은 그중 어느 것도 가지고 있지 않았다. 중국인이 기술 분야에서 그러한 업적을 이룰 수 있었던 이유에 대하여 철학자이자 중국 연구가인 도널드 먼로(Donald Munro)는 이렇게 적고 있다.

유교적 사고에 있어서 구체적인 행위와 관련되지 않은, 즉 실용적이지 않은 순수한 의미에서의 '앎'이라는 것은 없었다.

사물의 본질을 중시하는 그리스의 철학

고대 그리스와 고대 중국의 사회적 차이는 그들의 철학에도 그대로 반영된다. 그리스인들은 늘 세상의 본질에 관심이 있었다. 기원전 6세기경 터키, 시칠리아, 남부 이탈리아를 포함한 이오니아의 철학은 철저하게 경험주의적 접근을 표방하여 감각적 관찰을 최우선시했다. 그러나 기원전 5세기로 접어들면서 추상적인 사고를 지향하여, 인간의 감각을 지식의 기초로 삼는 것을 불신하게 되었다.

플라톤은 이데아만이 참된 실재이며, 세상의 의미에 대하여 감각에 의지하지 않는 논리적인 접근을 취해야 한다고 주장했다. 또한 감각과 논리가 대립될 때에는 당연히 감각을 무시해야 한다고 가르쳤다. 아리스토텔레스는 형식과 현실을 동일시하지는 않았지만, 그 역시 어떤 사물의 속성이란 그 사물의 감각적 특성과 무관하게 존재한다고 생각하였다. 그에게는 '단단한 물체'보다는 '단단함'이라는 속성 자체를 논하는 것이 의미 있는 일이었다.

본질(essence)이란 한 사물의 가장 핵심적이고 필수 불가결한 속성이다. 본질이 바뀌면 그것은 더 이상 그 사물이 아니다. 본질적이지 않은 속성은 '우연적(accidental)' 속성이다. 예를 들어, 음악적 재능이 전혀 없던 사람에게 갑자기 음악적 재능이 생긴다고 해도 그 사람은 여전히 그 사람일 뿐이다. 음악적 재능은 '우연적 속성'이기 때문에 그 사람의 본질을 바꾸지는 못한다. 그런데 매우 흥미롭게도 그리스 철학과 중국 철학은 바로 이 본질에 관한 관점에서 크게 달랐다.

고대 그리스어 체계에서는 모든 형용사 뒤에 영어의 'ness'에 해당하는 접미어를 붙여 명사화할 수 있었다. 예를 들어, 'white'는 'whiteness'로, 'kind'는 'kindness'로 명사화되었다. 그리스의 철학자들이 습관적으로 행한 작업 중 하나는 사물의 속성을 분석하고, 그 추상화된 속성에 의거하여 사물을 범주화하는 것이었다. 그런 후에 각 범주를 지배하는 규칙들에 근거하여 그 범주에 속하는 사물들의 특징과, 그 사물들의 행위의 원인을 설명하고자 했다. 혜성을 예로 들어보자. 그리스인들은 혜성의 다양한 속성들을 파악하고 그 속성에 따라 혜성을 다양한 추상성의 수준에서 범주화했다. 즉, 특정한 '이 혜성(this comet)', '혜성의 일종(a comet)', 혹은 '천체(a heavenly body)', '움직이는 사물(a moving object)' 등과 같이 추상성의 정도가 다른 여러 수준에서 범주화하였다. 그리하여 각기 다른 수준의 범주를 지배하는 규칙에 근거하여 혜성의 운동을 설명하고자 했던 것이다.

이와 같은 특징은 '사물 자체'를 분석과 주의(attention)의 대상으로 삼는 그리스의 철학 정신에 기인한다. 그리스인들은 사람뿐만 아니라 물질 역시 서로 독립적이고 개별적인 실체로 간주했다. 그들은 사물 자체를 분석의 출발점으로 삼았기 때문에, 자연스레 다음과 같은 경향을 갖게 되었다. 1) 사물의 속성 자체에 주의를 기울이고, 2) 그 속성에 근거하여 범주화하고, 3) 그 범주들을 사용해 어떤 규칙을 만들어, 4) 사물들의 움직임을 그 규칙으로 설명하고자 했다. 물론 여기서 말하는 '사물'에는 인간과 인간이 아닌 모든 것이 포함되지만 그리스 철학자들은 비인간, 즉 자연계에 더 관심이 많았다. 물론 그리스인들도 인간 관계와 윤리 문제를 중요하게 생각하긴 했지만, 중국인들에 비하면 상대할 바가 못 되었다.

그리스 철학의 또 다른 특징은 세상을 쉽게 변하지 않는 고정된 것으로 보았다는 데 있다. 물론 기원전 6세기경의 철학자인 헤라클레이토스(Heracleitos)나 다른 초기 철학자들은 사물의 변화에 매우 민감했다. 그러나 기원전 5세기에 이르러서는 변화보다는 안정성에 대한 관심이 득세하게 되었다. 고대 그리스 철학자 제논(Zenon)은 유명한 화살 비유를 통하여 '움직임', 즉 '변화'라는 것이 불가능함을 논리적으로 증명해 보이려 했다.

화살이 과녁에 도달하려면, 화살은 우선 시위를 떠나 과녁까지의 중간 지점에 도착해야 한다. 그 다음 그 중간 지점에서 다시 과녁까지의 중간 지점에 이르러야 하고, 다시 그 중간 지점에서 과녁까지…… 이 과정을 되풀이해야 한다. 그러나 이것이 계속되더라도 화살은 여전히 과녁에 못 미치고 있다. 결국 움직임이란 일어날 수 없는 것 아닌가?

커뮤니케이션 학자인 로버트 로건(Robert Logan)이 지적했듯이, 그리스 철학자들은 변화를 인정하지 않는 '직선적(linear)' 사고와 '이것 아니면 저것(either-or)'의 이분법적 사고 방식에 집착했다. 아리스토텔레스의 사상에도 이와 같은 성향이 나타난다. 예를 들어, 그는 모든 천체는 변하지 않는 완벽한 구형체이며 움직임이 일어난다고 해도 사물의 본질 자체는 변하지 않는다고 믿었다. 아리스토텔레스의 물리학은 아주 직선적이다. 그의 물리학적 사고에서 '순환 운동(cyclical movement)'이나 '움직이는 속도의 변화' 같은 개념은 전혀 포함되어 있지 않다. 이런 이유를 근거로 저명한 이론 물리학자인 고든 케인(Gordon Kane)은 아리스토텔레스의 물리학적 주장들 중 상당수가 잘못되었다고 주장한다. 그에 따르면, 현대 물리학의 기준으로 볼 때 아리스토텔레스 물리학보다 그 이전의 이오니아 철학자들의 물리학적 사고가 더 정확하다는 것이다.

사물의 관계를 중시하는 중국의 철학

중국인들의 삶에 대한 태도는 도교, 유교, 그리고 훨씬 후대의 불교 철학의 융합으로 형성되었다. 세 가지 철학 모두 조화(화목)를 중시하고, 추상적인 사유는 대체로 신뢰하지 않았다.

지금 소개할 '새옹지마(塞翁之馬)'의 이야기는 대부분의 동양 사람들에게 아주 친숙한 이야기이다. 어떤 늙은 농부에게 말이 한 마리 있었는데, 어느 날 그 말이 도망을 치고 말았다. 그 말이 노인의 유일한 재산이라는 것을 아는 이웃들이 찾아와서 위로하려 하자, 그 노인은 "이 일이 좋은 일인지 나쁜 일인지 어떻게 알 수 있겠나?"라며 위로를 거절했다. 실제로 며칠 후에 그 말은 돌아왔고, 그것도 혼자 온 것이 아니라 튼튼한 야생마 한 마리까지 데리고 왔다. 이에 친구들이 기뻐하며 축하하려 하자, 노인은 다시 "이 일이 좋은 일인지 나쁜 일인지 어떻게 알 수 있겠나?"라며 저번처럼 축하를 거절했다. 아니나다를까 며칠 후에 노인의 아들이 야생마에 올라탔다가 다리가 부러지고 말았다. 그러자 친구들은 또다시 위로하려 했다. 이에 노인은 또다시 "이 일이 좋은 일인지 나쁜 일인지 어떻게 알 수 있겠나?"라고 말했다. 신기하게도, 이번에는 몇 주가 지난 후 전쟁이 발발하여 건장한 청년들이 강제 징집당했는데, 노인의 아들은 다리를 다친 이유로 그 징집에서 면제되었다. 듣는 사람의 인내심이 허락하는 한 영원히 계속될 이 이야기는 동양 사람들의 삶에 대한 태도를 잘 보여준다. 그들에게 세상은 늘 변하며 모순으로 가득 찬 곳이다. 따라서 어떤 일의 경과를 이해하기 위해서는 반드시 그 반대 경우도 함께 고려해야 한다. 지금은 옳다고 여겨지는 것이 나중에는 그렇지 않을 수도 있기 때문이다. 한때 중국의 총리였던 저우언라이〔周恩來〕는 '프랑스 혁명이 바람직한 것이었는가'에 대한 질문을 받자 "지금 얘기하기에는 너무 이르다(It's too early to tell)"라고 대답했다. 동양적 사고의 전형을 보여주는 대답이다.

이와 같은 중국인들의 사고를 잘 대변해주는 것이 음양 이론이다. '음(陰)'(여성적이고 어둡고 수동적인 것)과 '양(陽)'(남성적이고 밝고 적극적인 것)은 서로 반복된다. 음은 양 때문에 존재하고 양은 음 때문에 존재하며, 세상이 현재 음의 상태에 있으면 곧 양의 상태가 도래할 것이라는 징조이다. 자연과 사람이 공존하는 '길'을 의미하는 도(道)의 상징은 흰색과 검은색 물결의 형태를 띤 두 힘으로 이루어져 있다. 그런데 자세히 보면 검은색 물결은 흰 점을 품고 있고 흰색 물결은 검은색 점을 품고 있다. 이는 '진정한 양은 음 속에 존재하는 양이고, 진정한 음은 양 속에 존재하는 음이다'라는 진리

도의 그림

를 나타낸다. 음양의 원리란 '서로 반대되면서 동시에 서로를 완전하게 만드는 힘', '서로의 존재 때문에 서로를 더 잘 이해할 수 있는 힘'의 관계이다.

『역경易經』은 이 원리를 다음과 같이 가르치고 있다. "행복은 불행 때문에 가능하고, 불행은 행복 속에 숨어 있다. 무엇이 불행이고 무엇이 행복인지 누가 알 수 있단 말인가? 확실한 것은 없다. 의로운 것이 갑자기 사악한 것이 되고, 선한 것이 갑자기 악한 것이 된다."

『도덕경道德經』에는 이렇게 씌어 있다. "무거운 것은 가벼운 것의 근원이며, 움직이지 않는 것은 모든 움직이는 것들의 근원이다." 회귀, 즉 끊임없는 순환은 도의 기본적인 운행 원리이다.

『도덕경』은 또한 다음과 같은 가르침을 담고 있다.

무언가를 구부리기 위해서는 먼저 그것을 펼쳐야 하고

무언가를 약화시키기 위해서는 먼저 그것을 강화시켜야 하며
무언가를 제거하기 위해서는 먼저 그것을 풍성하게 하여야 하고
무언가를 취하기 위해서는 먼저 그것을 주어야 한다.

도교에서 우주란 자연과 인간사가 복잡하게 얽혀 있는 곳이며, 이러한 생각은 중국 의학의 주요한 사상적 기초가 된다. 중국 의학은 인간의 몸을 음양 이론과 '오행(五行, 즉 土, 火, 水, 金, 木)'으로 설명한다. 중국 의학에서 중요한 개념인 '기(氣)' 또한 도교의 영향을 받은 것이다.

유교는 어떻게 보면 '상식'의 종교라고 할 수 있다. 유교에서는 중용(中庸)의 도가 가장 중요한 행위 규범이다. 중용의 도란 절대 극단으로 치우치지 말 것이며, 서로 대립되는 의견이나 사람들에게도 제각각 일리가 있다고 믿으라는 가르침이다. 물론 도교와 마찬가지로 유교의 관심사 또한 진리 자체를 추구하는 것보다는 세상살이의 도를 찾는 것이다. 유교를 창시한 공자(기원전 551~기원전 479)는 실제로 종교적 지도자라기보다는 윤리 철학자였다. 그는 사람들 사이의 관계에 관심이 많았고, 각 관계에 엄격한 위계 질서와 분명한 행위 규범이 존재한다고 주장했다. 그는 사람들 간의 관계를 다섯 가지로 나누고 '오륜(五倫)'이라는 행위 규범을 제시했다.

유교는 경제적인 부와 교육을 강조하며, 사람들에게 자기 자신을 위해서가 아니라 가족을 위해서 일해야 한다고 가르친다. 실제로 유교 전통이 강한 나라에서 가족의 양명과 무관한 개인적인 출

세는 낯선 개념이다. 전도유망한 젊은이는 관료가 되기 위해 시험을 보았고, 시험에 합격하면 온 가족은 경제적 혜택을 누렸다. 따라서 근대 이전까지의 중국에서는 대부분의 다른 나라들에서와는 달리 상당한 수준의 사회경제적 이동이 가능했다. 어떤 집안은 그의 조상들보다 훨씬 나은 삶을 살기도 했고, 어떤 집안은 몰락하기도 했다. 부분적인 이유이기는 하지만, 이런 '사회적 유동성' 때문에 공자의 지적인 후손들은 아리스토텔레스의 지적인 후손들보다 훨씬 더 인간 본성의 변화 가능성을 믿었다.

유교와 도교는 나중에 자연스럽게 융합되었다. 도교에 핵심적인 '모순의 수용'과 '사물의 부분보다는 전체를 파악해야 한다'라는 가르침은 유교 철학에서도 중요한 요소로 자리 잡았다. 굳이 둘을 구분하자면, 자연과 농촌 생활에 대한 경외는 상대적으로 도교에서 더 강조되었고, 가족·교육·경제적 부의 중요성은 유교에서 더 강조되었다. 두 철학 간의 이러한 차이는 도자기와 그림에서도 드러난다.

도교의 영향을 받은 도자기나 그림에는 어부나 목수 혹은 나무 아래 혼자 앉아 있는 사람이 자주 등장하는 반면, 유교의 영향을 받은 그림에는 가족이나 여러 세대의 많은 사람들이 어우러져 있는 모습이 자주 등장한다. 어떤 개인에게 도교와 유교의 가르침 중 어느 것이 더 중요한지는 그가 처한 위치에 의해 결정된다. 한 중국의 격언처럼 "모든 중국인은 성공하고 있을 때에는 유교도이고, 실패하면 도교도가 된다."

불교는 지금 우리가 논하고 있는 고대에서 몇 백 년 뒤에 인도로부터 수입되었다. 중국인들은 불교로부터 그들의 문화에 비교적 결여되어 있던 인식론을 받아들였다.

유교, 도교, 불교 모두 '조화', '부분보다는 전체', '사물들의 상호 관련성'이라는 공통 관심사를 가지고 있었다. 세 철학에 공통적으로 존재하는 '종합주의(holism)'는 우주의 모든 요소들이 서로 관련되어 있다는 믿음에 기초하고 있다. 종합주의라는 개념은 공명(resonance) 현상을 떠올리면 쉽게 이해할 수 있다. 현악기의 한 줄을 건드리면 공명에 의해 다른 줄이 울게 되듯이 인간, 하늘, 땅은 서로에게 이런 공명을 일으킨다. 만일 땅에서 군주가 나쁜 일을 하면 우주의 상태 역시 나빠진다는 믿음이 바로 이러한 종합적 사고의 한 예이다.

반면 고대 그리스 철학의 중요한 특징인 '추상화(abstraction)에 대한 관심'은 고대 중국 철학에서 그리 쉽게 찾을 수 없다. 예를 들어, 중국어에는 영어의 'ness'에 해당하는 접미사가 없기 때문에 영어의 'whiteness' 같은 추상적인 의미를 사용할 수 없다. 백조의 흰색이나 눈의 흰색처럼 오직 특정 대상과 관련된 형태로만 쓰인다.

중국인들의 기본적인 우주관은 우주가 상호 독립적이고 개별적인 사물들의 단순한 조합이 아니라 서로 연결되어 있는 하나의 거대한 물질이라는 것이었다. 반면에 고대 그리스 철학자들은 우주가 '입자'로 구성되어 있다고 믿었다. 그리스 문화에서는 우주의 구성 단위가 원자(atom)인지 아니면 파장(wave)인지가 중요한 논쟁거리였지만, 중국인들이 보기에 우주란 두말할 나위 없이 연속적인 파장으로 구성된 것이었다. 저명한 과학철학자인 조지프 니덤(Joseph Needham)은 "중국인에게 있어서 우주는 연속적인 장(場)이었고, 그 안에서 일어나는 사물들 간의 상호 작용은 원자의 충돌이 아니라 파장들의 중첩이었다"라고 적고 있다.

지금까지 기술한 두 문화의 차이를 요약하자면 다음과 같다.

그리스인들은 개인을 독립적이고 개별적인 존재로 보았고, 진리를 발견하는 수단으로서의 논쟁을 중시했다. 그들은 자신의 운명을 스스로 통제할 수 있다고 믿었다. 같은 맥락에서, 그리스 철학은 개별 사물 자체를 분석의 출발점으로 삼아 개별 사물의 내부 속성을 중요하게 생각하였다. 우주는 원칙적으로 단순하고 따라서 파악 가능한 곳이었다. 따라서 철학자의 과제는 사물의 독특한 속성들을 파악하고, 파악된 속성에 기초하여 사물을 범주화하여, 그 범주의 보편적인 규칙을 발견하는 것이었다.

이와는 대조적으로, 중국인들은 인간을 '사회적이고 상호 의존적인' 존재로 파악하고, 인간에게 가장 중요한 것은 개인의 자유가 아니라 조화라고 생각했다. 그 조화란 도교에서는 '인간과 자연의 융합'이었고, 유교에서는 '인간들 사이의 화목'을 의미했다. 중국 철학의 목표는 진리의 발견보다는 도(道)였고, 구체적인 행동으로 이어지지 않는 추상적인 사고는 무의미한 것으로 간주되는 실용적인 경향이 강했다. 우주는 매우 복잡한 곳이기 때문에 그 안에서 발생하는 일들은 서로 얽혀 있고, 그 안에 존재하는 사물이나 인간은 마치 그물줄처럼 서로 얽혀 있다고 믿었다. 이러한 사고 경향 때문에 중국인들은 어떤 대상을 전체 맥락에서 따로 떼어내어 분석하는 일에 거부감을 느꼈다. 서로 복잡하게 얽혀 있는 세상사를 개인이 완전히 통제할 수 있다는 생각 역시 불가능했다.

중국과 그리스의 과학과 수학

그리스가 이룩한 가장 위대한 과학적 발견은 '자연계'라는 개념 자체의 발견이다. 그리스인들은 자연계를 인간과 인간의 문화를 제외한, 우주의 나머지 부분으로 규정하였다. 이 정의는 너무나 당연해 보이지만, 놀랍게도 자연계와 인간계를 이렇듯 뚜렷하게 구분한 것은 오직 그리스 문화뿐이었다. 그리스인들은 어떻게 자연계에 대해 이러한 독특한 생각을 하게 되었을까? 그에 대한 부분적인 해답을 그들의 객관적인 외부 세계와 주관적인 내부 세계의 구분에서 찾아볼 수 있다. 이러한 구분은 그리스 논쟁의 전통에서 기인한 듯하다. 즉, 논쟁을 통해 남을 설득하기 위해서는 객관적으로 존재하는 현실에 대해 자신이 남보다 잘 이해하고 있다는 믿음이 전제되어야 한다. 현실에 대한 주관적인 해석에 있어서 내가 상대보다 더 정확하다는 신념이 있을 때에야 비로소 진정한 설득이 가능하다.

실제로 객관성은 주관성에서 비롯된다. 사람들마다 세상을 보는 시각이 제각각이라는 것을 깨닫고 나면, 세상은 그러한 각각의 인식들과는 무관한 객관적인 실체라는 판단에 이르게 된다. 그리스인들의 이러한 깨달음은 아마도 그리스가 무역의 중심국이었기 때문에 가능했을 것이다. 자유 무역을 통해 세상에 대한 인식이 매우 다른 사람들을 정기적으로 만났으니 말이다. 이와는 대조적으로, 중국은 일찍부터 통일된 문화를 가지고 있었기 때문에 중국인들이 그들과 전적으로 다른 철학적·종교적 견해를 가진 사람들을 만나는 것은 상대적으로 드문 일이었다.

그리스인들이 '자연계'의 개념을 발견하면서 과학이라는 것이 생겨났다. 중국인들이 과학을 일찍 발전시키지 못한 것은, 호기심의 부족 때문이기도 하지만 그보다 중요한 이유는 '인간계와는 독립적인 실체로서의 자연계'라는 개념을 갖지 못했기 때문이다.

개별 사물과 그것의 속성에 집착한 탓에 그리스인들은 아주 기본적인 인과 관계를 파악하는 데 실패하였다. 아리스토텔레스는 돌이 공중에서 땅으로 떨어지는 것은 '그 돌'이 '중력'이라는 속성을 가지고 있기 때문이라고 설명했다. 그리고 나무 조각이 물 위에 뜨는 것은 그 '나무 조각'이 '부력'이라는 속성을 가지고 있기 때문이라고 했다. 두 경우 모두 주 초점은 오로지 대상 자체이며, 그 대상을 둘러싼 외부의 힘은 전혀 고려되지 않았다.

이와는 달리, 중국인들은 우주를 서로 연결되어 있는 하나의 장(場)으로 보았기 때문에, 인과 관계를 설명할 때에도 장 전체의 복잡성에 주목했다. 그들은 어떤 일이든지 수많은 힘들이 상호 작용하는 장 안에서 일어난다고 생각하였다. 따라서 그들은 '물리적으로 떨어져 있는 것들 사이에서도 힘이 작용한다(action at a distance)'라는 사실을 갈릴레오 훨씬 전부터 이미 알고 있었다. 그들은 자석과 공명의 원리뿐만 아니라, 갈릴레오조차 깨닫지 못했던, 달의 운동과 조류 사이의 연관성도 알고 있었던 것이다.

중국 서부의 한 사막에는, 서양인의 모습을 한 키가 크고 머리색이 붉은 사람들의 유해가 놀라울 정도로 완벽하게 보존되어 있다. 그 유해는 수천 년 정도 된 것이다. 그런데 그들은 생김새말고도 또 다른 흥미로운 점에서 그곳에 사는 종족들과 달랐다. 그들 중 몇몇의 몸에 수술 자국이 선명하게 남아 있는 것이다. 중국의 고대 역사를 통해 볼 때, 수술은 매우 드문 일이었다. 중국인들이 보편적인 치료 방법으로서 수술을 시행하지 않은 사실은 조화와 관계를 중요시하는 그들의 사고에 비추어보면 당연한 일이다.

중국인들은 몸의 건강은 몸 안에 존재하는 많은 기운들 사이의 균형과 장기들 간의 관계에 따라 결정된다고 믿었다. 실제로 지금도 많은 동양 국가의 전통 의학은 몸의 각 기관 사이의 상호 관련성을 굳게 믿고 있다. 예를 들면, 동양 의학에서는 귀와 모든 장기들이 복잡하게 연결되어 있다고 믿으며, 침술은 바로 그러한 믿음에 근거한다. 따라서 특정 부위가 제대로 작동하지 않는다고 해서 그 부위와 관련된 다른 신체 부분들을 고려하지 않고 그 부위만 도

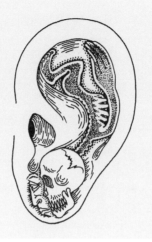

침술을 위한 귀의 표피와 뼈 도해

려내는 수술은 중국인들에게는 너무나 초보적이고 단순해 보였던
것이다. 이와는 대조적으로, 서구에서는 수천 년 동안 수술이 보편
적인 치료법으로 시행되어왔다.

복잡한 상호 관련성에 대한 중국인들의 신념은 '풍수'에도 잘 드
러난다. 중국에서는 어떤 건물을 지으려고 할 때 풍수 전문가를 부
른다. 그 전문가는 위도, 바람, 수맥과의 거리 등등 수없이 많은 요
인들을 고려하여 건물의 구조에 대해 조언해준다. 아무리 현대적
인 홍콩의 고층 건물이라도 초기 공사 단계에서는 모두 이런 풍수
과정을 거쳤다고 한다.

모든 것들이 서로 연관되어 있다는 믿음 때문에 중국인은 어떤
사물이든지 주변 맥락에 따라 변할 수 있음을 당연하게 여겼다. 따
라서 어떤 사물이나 사건을 칼로 무 자르듯 정확하게 범주화하여
이해하려고 하는 것은 부질없는 짓이었다. 단순한 범주와 규칙을

가지고 어떤 사물을 이해하고 통제하기에는 우주는 너무나 복잡하고 역동적인 곳이었다.

중국인들이 일찍이 우주의 복잡성을 이해하여, 사물을 파악할 때 부분보다는 전체 맥락을 중시한 점은 매우 타당한 접근이라고 할 수 있다. 그러나 범주화에 대해 관심을 기울이지 않아 어떤 범주에 존재하는 규칙을 무시함으로써 그 범주에 속하는 개체들의 행동을 효과적으로 설명하지 못한 것은 아쉬운 점이다. 반면 그리스인들은 세상을 지나치게 단순화하고 어떤 사물의 추상적인 속성에 의거하여 그 사물의 행동을 설명하려 하는 과오를 범하기는 했지만, 여러 개체들을 범주화하여 공통의 규칙을 부여해야 한다는 사실만은 제대로 이해하고 있었다. 이러한 추상성에 대한 추구는, 늘 그런 것은 아니지만, 사고 과정에 있어 대체로 유용한 습관이다. 그리스인의 범주에 대한 집착은 과학의 발전과 이후의 지적 발전에 큰 도움이 되었다.

고대 그리스의 피타고라스학파 수학자들은 한 수학자를 자신들의 학파에서 축출했다고 한다. 재미있게도 그 이유는 그 사람이 2의 제곱근과 같은 무리수(예측 가능한 일정한 패턴 없이 1.4142135……의 형태로 계속 진행되는 수)의 존재를 세상에 알렸기 때문이었다. 이 이야기가 사실이든 아니든 대부분의 그리스 수학자들이 무리수를 실수(實數)로 간주하지 않은 것만은 분명한 사실이다. 그리스인들은 세상을 분절적인 입자의 조합으로 보았기 때문에, 무한히 계속되는 성질의 무리수는 수용하기 어려운 것이었다. 그러나 흥미롭게도 그리스인들은 2의 제곱근이 무리수라는 사실을 증명해낸 증명법 자체에 대해서는 대단히 자랑스러워했다. 그것은, 다름아닌 '모순법'이었다.

그리스인들은 '모순'이라는 개념에 강박적이라 할 만큼 집착했다. 어떤 주장이 다른 주장과 모순 관계에 있다면, 둘 중 하나는 반드시 그릇된 것이어야 한다. 이러한 비모순의 원리(principle of noncontradiction)는 형식 논리에서 가장 기본적이다. 왜 유독 그리스인들만이 논리를 만들어냈는지에 대한 가장 설득력 있는 설명은 그리스가 논쟁을 중시하는 사회였기 때문이라는 것이다. 논쟁을 하다 보면, 어떤 주장은 스스로 모순에 빠져 금세 설득력 없는 주장으로 심판받는다. 아리스토텔레스는 회당과 광장에서 수없이 듣는 얼토당토 않는 주장들에 염증을 느끼고 어떤 주장이 타당한가 타당하지 않은가를 판결해주는 기준으로서 논리학을 개발했다고 한다.

중국에서도 기원전 5세기에 철학자 묵자(墨子)에 의해 논리학이 발전했지만, 묵자는 자신의 논리학을 체계화하지 않았고, 그 결과 중국에서는 논리학이 일찌감치 사라지고 말았다. 중국에는 논리학이 없었을 뿐 아니라, '비모순의 원리' 또한 중시되지 않았다. 중국인들이 연산이나 대수학에서는 뛰어나면서도, 기하학에서 거의 성공을 거두지 못했던 이유도 바로 기하학이 '모순법'을 통한 추상적인 증명을 중시하는 학문이기 때문이다.

2

동양의 더불어 사는 삶,
서양의 홀로 사는 삶

슈퍼마켓에서 40개가 넘는 시리얼을 놓고
선택하는 나라는 미국밖에 없을 것이다.

1930년대 미국의 초등학교 교과서
에는 「딕과 제인」이라는 이야기가 실려 있었다.

딕이 뛰는 것을 보아라. 딕이 노는 것을 보아라.

딕이 뛰면서 노는 것을 보아라.

한 독립된 개체로서의 개인의 행위를 묘사하고 있는 이 문장들은 서양
의 개인주의적인 관점을 잘 드러내고 있다. 반면에 똑같이 한 남자아
이의 행동을 묘사하고 있음에도 불구하고 중국의 초등학교 교과서는
사뭇 다른 내용을 담고 있다.

형이 어린 동생을 돌보고 있구나. 형은 어린 동생을 사랑해.

그리고 동생도 형을 사랑한단다.

이 문장들은 독립된 개인의 개별 행위가 아닌 개인과 주변 인물 간의
관계를 부각시키고 있다. 어린이들이 처음 접하는 교과서에 이미 인간
관계를 중시하는 동양 문화가 반영되어 있는 것이다.

동양과 서양의 서로 다른 자기 개념

"당신 자신에 대해서 말해보시오"라는 요구는 누구나 쉽게 이해할 수 있는, 지극히 상식적인 것으로 보인다. 그러나 자기 개념(self-concept)을 묻는 이 질문에 대한 대답은 문화에 따라 천차만별이다. 미국과 캐나다인들은 주로 성격 형용사(친절하다, 근면하다)를 사용하거나, 자신의 행동(나는 캠핑을 자주 한다)을 서술한다. 이에 반해, 중국, 일본, 그리고 한국 사람들은 주로 자신이 속해 있는 사회적 맥락을 동원하여 대답하고(예를 들어, '나는 친구들과 노는 것을 좋아한다', '나는 직장에서 아주 열심히 일한다'), 또한 자신의 사회적 역할에 대해 많이 언급한다. 한 연구에 따르면, 일본인들은 맥락을 제시해주지 않은 채로 자신을 기술하게 하면 어려워하지만, 친구들과 있을 때나 직장에서와 같은 특정한 맥락을 제시해주고 그 상황에서 자신을 기술하게 하면 아주 능숙하게 해낸다. 그러나 미국인들의 경우 이와 정반대의 패턴을 보였다. 또 다른 연구에 따르면, 자신을 기술할 때 '다른 사람'을 언급하는 정도가, 일본인이 미국인보다 2배나 높았다고 한다('나는 내 누이와 요리를 같이 한다').

'모난 돌이 정 맞는다'라는 동양의 격언은, 동양 문화에서 개인의 개성이 자유롭게 표현되기보다는 억압되어왔음을 보여준다. 일반적으로 동양 사람들은 서양 사람들에 비해 개인의 성공을 덜 중시하며, 그보다는 집단 전체의 목표 달성이나 화목한 인간 관계를 더 중시한다. 개인의 독특한 개성을 무조건적으로 환영하지도 않는다. 동양인들에게 있어 개인의 만족감은 자신이 집단 성원들의 기대에 부응하며 그들과 화목한 관계를 맺고 있다는 자각에서 비롯된다.

동양인들의 인간 관계를 지배하는 규칙은 보편적(universal)이라기보다는 특수(particular)하며, 각자가 마땅히 행해야 하는 역할에 근거하고 있다. 한번은 절친한 동양인 친구 하나가 미국의 몇몇 가정을 방문했을 때 가장 의아하게 느꼈던 점을 이렇게 털어놓았다. 그의 말에 따르면, 미국 가정에서는 누구에게든 '고맙다'라는 인사를 건넨다는 것이다. "식사 테이블을 정리해줘서 고마워, 샘", "세차를 해줘서 고마워, 존……." 그러나 자기 나라에서는 각자가 마땅히 엄수해야 하는 엄격한 의무를 이행했다고 해서 고맙다는 말을 하지는 않는다는 것이다. 실제로 미국과 유럽을 제외한 세계의 많은 나라들에서는 개인의 선택은 상대적으로 그리 중요하게 간주되지 않는다.

어느 동양 친구의 말처럼 슈퍼마켓에서 40개가 넘는 시리얼을 놓고 선택하는 나라는 미국밖에 없을 것이다. 동양적 사고에서 바라본 개인은, 항상 어떤 구체적인 맥락 속에 있는 존재이다. 구체적인 어떤 사람과 구체적인 어떤 관계를 맺고 있는 존재인 것이다. 따라서 사회적 상황에서 인간을 분리시켜 그의 행위나 속성을 추상적으로 생각하는 것은 동양의 사고 방식에서는 매우 낯선 일일 수밖에 없다.

인류학자인 에드워드 홀(Edward Hall)은 이러한 차이를 '저맥락

(low context)' 사회와 '고맥락(high context)' 사회의 구분을 통해 설명하였다. 저맥락 사회인 서양에서는 사람을 맥락에서 떼어내어서 이야기하는 것이 가능하므로, 개인은 맥락에 속박되지 않은 독립적이고 자유로운 행위자로서 이 집단에서 저 집단으로, 이 상황에서 저 상황으로 자유롭게 옮겨 다닐 수 있다. 그러나 고맥락 사회인 동양에서 인간이란 서로 긴밀하게 연결되어 있는 유동적인 존재로서 주변 맥락의 영향을 크게 받는다.

철학자 도널드 먼로의 표현을 빌자면 동양인들은 인간을 "가족이나 사회 혹은 도의 원리와 같은 전체와의 관련성 속에서 파악한다." 인간은 '인간 관계 속에서' 행동하고 있기 때문에 완전하게 독립적인 행위를 한다는 것은 불가능하며, 그리 바람직한 일도 아니다. 동양인에게 있어서 행위란 다른 사람들과의 관계에 의해 조정되고 또한 다른 사람들에게 영향을 주는 것이기 때문에 인간 관계에서 조화를 유지하는 것이 사회 생활의 가장 중요한 목표가 된다.

동양인들은 자신들이 속한 내집단에 대해서는 강한 애정을 보이지만, 외집단이나 그저 아는 사이인 사람들에게는 상당한 거리를 둔다. 그들은 자신이 내집단의 다른 구성원들과 매우 유사하다고 느끼고, 그들을 외집단 구성원보다 훨씬 더 신뢰한다. 그러나 서양인들은 자신과 내집단 사이에도 일정한 거리를 두고 싶어하며, 내집단원이나 외집단원을 크게 구분하지 않는 보편주의적 행동 원리를 따른다.

동양과 서양의 이러한 차이는 그들의 언어에도 일부 반영되어

동양의 관점

내집단

자아

외집단

서양의 관점

내집단

자아

외집단

자아, 내집단, 외집단 간의 관계에 대한 동양과 서양의 관점

있다. 중국어에는 영어의 'individualism'에 정확하게 부합하는 단어가 존재하지 않는다. 가장 근접한 단어인 '개인주의'는 어쩔 수 없이 '이기적'이라는 뉘앙스를 풍긴다. 또한 사람을 의미하는 한자人도 두 사람이 서로 기대어 있는 모습에서 비롯되었다.

일본어에서는 일인칭 주어가 대화 중에 자주 생략되며, '나'에 해당하는 말이 맥락에 따라서, 대화 상대와의 관계에 따라서 각각 다른 용어로 표현된다. 예를 들면, 여자가 공식적인 자리에서 연설을 할 때에는 자신을 표현하는 말로 わたし(와타시)란 단어를 주로 사용하고, 남자가 대학 동기들과 관련하여 자기를 표현할 때에는

ぼく(보쿠)나 おれ(오레)를 사용하고, 아버지가 자녀에게 이야기할 때는 おとうさん(오토상)이라는 단어를 사용한다. 일본인들이 흔히 자신을 지칭할 때 사용하는 じぶん(自分)이라는 말도 그 어원은 '집단에서의 내 부분'을 의미한다.

한국어의 경우도 'Could you come to dinner?'라는 말을 할 때, 상대에 따라 'you'에 해당하는 말과 'dinner'에 해당하는 말이 달라진다. 이러한 차이는 동양인들이 더 예의를 차린다는 것을 의미하기도 하지만, 거기에는 '개인은 각기 다른 사람들과 상호 작용을 할 때, 각각의 상황에 따라 각기 다른 사람이 된다'라는 동양인의 깊은 신념이 담겨 있다.

동양과 서양의 자기 개념의 차이는 자신을 얼마나 독특한 존재로 보는가 하는 문제에서도 발견된다. 연구에 따르면, 미국인들은 자신의 독특성을 과대평가하는 경향이 있는 반면, 동양인들은 그러한 착각을 좀처럼 하지 않는다. 사회심리학자인 김희정과 헤이즐 마커스(Hazel Markus)는 사람들에게 여러 대상의 그림을 보여주고 그중 한 사물을 선택하게 하는 연구를 실시하였다. 그 결과 미국인들은 가장 희귀한 것을 고르고 한국인들은 가장 보편적인 것을 골랐다고 한다. 같은 연구에서 볼펜들을 선물로 주면서 고르게 했더니 미국인들은 가장 희귀한 색의 볼펜을 고르고 한국인들은 가장 흔한 색의 볼펜을 골랐다. 미국인들은 항상 남의 눈에 띄고 싶어하나 한국인들은 늘 남들 정도만 되고 싶어하는 것이다.

일본어에 self—esteem(자존감)에 해당하는 고유한 단어가 없다는 사실 또한 우연이 아니다. 일본에서는 self—esteem을 일본식 발음으로 풀어서 '세루푸 에스티무(セルフ エスティム)'라고 한다. 자기 자신에 대하여 스스로 만족하고 좋은 감정을 느끼는 경향성을 표현하는 단어가 동양 언어에서는 생소하다. 반면, 미국인들은 자기 자신을 스스로 칭찬하는 것에 매우 자연스럽다. 예를 들면, 미국인이나 캐나다인은 자신들이 많은 영역에서 '평균 이상'이라고 믿는 경향이 있다. 이와는 대조적으로 동양인들은 많은 속성들을 평가하는 데 있어 자신을 평균 이하라고 평가하는 경향이 있다. 동양인들은 자기 안에 긍정적인 속성이 없을 뿐만 아니라 나쁜 특성이 많이 있다고 보고하는 경향도 보인다. 그들이 그저 더 겸손하기 때문이 아니라, 실제로도 자신을 덜 긍정적으로 평가한다는 사실이 연구 결과를 통해 밝혀졌다.

물론 동양인들이 자신의 특성을 일부러 부정적으로 보는 것은 아니다. 그보다 동양인들에게는 자신이 '특별하다,' '남들보다 탁월하다'라고 믿게 하는 문화적 압력이 없다. 관계를 중시하는 동양 사회에서 개인의 과제는 '남들보다 더 뛰어나다' 혹은 '더 독특하다'라는 평가를 얻어내는 것이 아니라, 복잡한 인간 관계 속에서 화목을 유지하고 집단의 목표를 달성하기 위해 자신의 몫을 다하는 것이기 때문이다. 이를 위해서는 어느 정도의 자기 비판(self—criticism)이 필수적이다. 집단에 소속되기 위해서는 다른 구성원들을 불편하게 하거나 집단의 과제 달성을 방해하는 개인의 단점이나 특성을 반드시 고쳐야 하기 때문이다. 따라서 동양의 학교에서는 학생들에게 남들과 마찰 없이 더불어 사는 법을 가르치지만, 서양에서는 학생들이 자신을 '특별한 존재'로 느끼도록 가르친다.

일본의 학생들은 인간 관계를 부드럽게 하고 자신의 능력을 더 개발하기 위하여 끊임없이 자기반성을 하도록 교육받는다. 동양인들에게는 우스워 보이겠지만, 얼마 전 내 고향에서는 교육의 목표로서 '지식을 전달하는 것'과 '자존감(self-esteem)을 심어주는 것' 중 어느 것이 더 중요한가에 관한 논쟁이 일어난 적도 있었다. 동양인들에게 있어서 자존감을 심어주는 것이 교육의 목표가 된다는 것은 어쩌면 생각조차 할 수 없는 일일 것이다.

사회심리학자인 스티븐 하이네(Steven Heine)와 그 동료들은 여러 연구를 통해 자존감을 추구하는 서양인들과 자기비판을 통해 자기 향상을 추구하는 동양인들을 극명하게 대비시켰다. 그들은 캐나다인과 일본인을 대상으로 '창의력 검사'를 실시했다(실제로 이 검사는 창의력 검사가 아닌 허위 검사였다). 실험에 참가한 한 그룹에게는 검사 결과 창의력이 매우 높다는 거짓 정보를 주고 다른 그룹에게는 창의력이 매우 높지 않다는 거짓 정보를 제공했다. 그리고 난 다음 참가자들에게 비슷한 과제들을 풀게 하고 그들이 문제를 푸는 과정을 몰래 카메라로 관찰하였다.

그 결과 캐나다인은 창의력 점수가 높다는 통보를 받은 경우에 과제를 더 오랫동안 풀었지만, 일본인은 그 반대였다. 일본인들은 점수가 좋지 않다는 정보를 들었을 때 그것을 자신이 더 향상되어야 할 필요가 있다는 뜻으로 받아들이고 더 열심히 노력했다. 서양인들은 자신들이 처음부터 잘했던 몇 가지 기술에만 능숙한 반면, 동양인들은 처음에 익숙하지 않았던 기술이라도 꼭 익히고야 마는 특성이 있는데, 이 실험 결과는 이런 현상의 이유를 잘 설명해주고 있다.

서양의 독립성과 동양의 상호의존성

서로 다른 두 가지 유형의 사회가 존재한다는 주장은 19세기 이후의 사회과학에서는 잘 알려진 이야기이다. 예를 들면, 앞에서 언급한 차이들은 사실 퇴니스(Tönnies)의 공동사회(Gemeinschaft)와 이익사회(Gesellschaft)의 구분과 유사하다. 공동사회란 사람들 간의 인간 관계에 기초한 사회로서, 서로에 대한 의무와 상호 일체감에 근거하고 있다. 가족이나 교회 공동체, 그리고 친구 집단이 여기에 해당한다. 이런 관계 안에서는 서로에 대한 애정, 빈번한 대면 접촉, 공유된 경험, 심지어는 공유된 소유가 사회의 밑받침이 된다. 반대로 이익사회는 어떤 목적을 염두에 둔 '수단으로서의 관계'에 기초하고 있다. 이 사회에서는 재화와 노동의 빈번한 교류가 발생하고, 협상과 계약이 사회 운영의 중요한 원리가 되며, 개인의 이익 추구와 경쟁이 장려된다. 기업이나 관료 제도가 이러한 관계의 예이다.

물론 한 사회가 전적으로 공동사회이거나, 혹은 전적으로 이익

사회라고 하는 극단적인 주장에는 아무도 동의하지 않는다. 어느 사회든 두 요소가 동시에 혼재하고 있다. 그럼에도 불구하고 사회를 이렇게 두 유형으로 나누는 것은 그것이 사회과학에서, 특히 문화심리학에서 매우 유용한 분석적 가치를 갖기 때문이다. 문화심리학의 용어로는 공동사회는 대개 '집합주의적' 사회를 지칭하고, 이익사회는 '개인주의적' 사회를 지칭한다. 그리고 사회심리학자인 헤이즐 마커스와 시노부 기타야마(Shinobu Kitayama)가 제안한 '독립성(Independence)'과 '상호의존성(Interdependence)'이라는 용어들도 비슷한 개념을 담고 있는데, 나는 이 책에서 주로 이 용어들을 사용하려 한다.

독립성과 상호의존성에 대한 훈련은 아이들의 잠자리에서부터 시작된다. 미국에서는 어린아이들이 태어나는 순간부터 부모와 다른 침대에 잠을 재우지만 이는 동양에서는 매우 드문 일이다. 아이들이 깨어 있는 시간에 나타나는 두 문화 간의 차이는 훨씬 더 심하다. 중국에서는 어린아이를 가운데 두고 어른들이 빙 둘러앉아 아이를 지켜보며 귀여워하고, 일본의 아이들은 늘 어머니와 붙어 다닌다. 일본인들은 '어머니와의 친밀성'을 평생 동안 유지하고 싶어한다. 일전에 미국 미시간대학의 사회연구소(Institute for Social Research)에서 미국과 일본의 성인에게 '어머니와 같이 있고 싶은 정도'를 물어보는 연구를 수행했다. 이때 문제가 되었던 것은 그 정도를 재는 척도를 세우는 데 있어서 가장 마지막 값을 어떻게 결정하느냐 하는 것이었다. 일본 학자들은 '나는 어머니와 늘 함께 있고 싶다'라는 말을 마지막 척도 값으로 해야 한다고 주장했으나, 이는 미국인들에게는 매우 우스꽝스럽고 당황스러운 주장이었다. 미국인들이 그러한 척도 값을 보면 당황하면서 연구에 참여하는 것을 거부할지도 모르는 일이었다.

서양에서는 아이들의 독립성을 키워주기 위해 어릴 때부터 매우 분명하게 훈련을 시킨다. 서양의 부모들은 자녀가 스스로 자기 일을 선택하고 결정하기를 바란다. 그러나 동양의 부모들은 자녀에게 가장 좋은 것이 무엇인지 알고 있다고 믿기 때문에 자녀의 일을 자신들이 결정하려 한다. 서양의 아이들은 독립성에 대한 훈련이 워낙 잘 되어 있기 때문에, 때로 자신의 선택의 자유가 침해되면 심하게 반항한다. 이를 잘 보여주는 것이 사회심리학자인 시나 이엔가(Sheena Iyengar)와 마크 레퍼(Mark Lepper)의 실험이다.

그들은 7살에서 9살까지의 미국, 중국, 일본의 아이들에게 애너그램(anagram) 과제를 주었다. 애너그램 과제란 흐트러진 철자를 이용해서 단어를 만드는 과제로 예를 들자면 GRIET에서 TIGER를 만드는 것이다. 이 과제에는 세 가지 조건이 있었다. 첫 번째 조건에서는 실험자가 아이들에게 어떤 애너그램을 풀 것인지를 지정해주었다. 두 번째 조건에서는 아이들 스스로 선택하도록 했고, 마지막 조건에서는 아이들의 어머니가 특정 애너그램을 풀도록 지시했다고 알려준 다음 지정된 것을 풀도록 했다.

그런 후에 각 조건의 아이들이 그 과제를 얼마나 잘 푸는지, 그리고 얼마나 오랫동안 집중하여 푸는지 측정하였다. 그 결과 미국 아이들은 자신들이 스스로 선택한 조건에서 가장 강한 학습 동기를 나타냈고, 어머니가 선택해준 조건에서 가장 낮은 동기를 보였다. 아마도 엄마가 선택하여준 경우 자신의 선택권을 침해당했다고 느꼈던 것 같다. 그러나 놀랍게도 동양 아이들은 어머니가 선택해준 조건에서 가장 강한 학습 동기를 보였다!

인간 관계를 강조하다 보면 다른 사람의 감정에 민감해지게 마련이다. 미국의 어머니들은 자녀와 함께 놀이를 할 때 특정 사물에 초점을 맞추고 그 사물의 속성을 아이들에게 가르친다. 반면에 일본의 어머니들은 사물의 '감정'에 특별히 신경을 써서 가르친다. 특히 자녀가 말을 안 들을 때에 그러하다. 예를 들어 "네가 밥을 안 먹으면, 고생한 농부 아저씨가 얼마가 슬프겠니?", "인형을 그렇게 던져버리다니, 저 인형이 울고 있잖아!", "담장이 아야 아프다고 하잖아!" 같은 말들로 꾸중하는 모습을 자주 볼 수 있다.

사물의 속성 자체에 관심을 기울이도록 훈련받은 아이들은 스스로 독립적인 행동을 하도록 교육받지만, 다른 사람과의 관계에 초점을 맞춘 훈련을 받은 아이들은 자신의 행동에 영향을 받는 다른 사람들의 감정을 미리 예측하도록 교육받는다.

타인의 감정에 세심한 주의를 기울이도록 하는 훈련의 효과는 성인이 된 이후에도 나타난다. 서양인에 비해 동양인들이 타인의 진짜 속마음과 감정을 잘 읽어낸다고 한다. 사회심리학자이자 경영학자인 제프리 산체스 버크스(Jeffrey Sanchez-Burks)와 그 연구 팀은 한국인과 미국인에게, 어떤 경영자가 부하 직원에 대해 내린 평가 결과를 보여주었다. 그들에게 그 평가에 나타난 '숫자'에 근거하여 경영자의 진짜 속내를 추측하게 하였을 때 미국인들보다는 한국인들이 훨씬 더 잘 읽어냈다. 미국인들은 숫자를 숫자 그대로 받아들였지만, 한국인들은 숫자의 이면에 있는 경영자의 감정을 읽으려 했던 것이다.

다른 사람의 감정에 예민하게 반응하는 정도에 따라 커뮤니케이션의 본질에 대한 관점도 달라진다. 서양에서는 아이들에게 의사소통을 가르칠 때 자신의 생각을 분명하게 표현하고 '말하는 사람'의 입장에서 대화에 임해야 하며, 대화 과정에서 오해가 발생하면 그것은 말하는 사람의 잘못이라고 강조한다. 이와는 매우 대조적으로, 동양에서는 아이들에게 '듣는 사람'의 입장에서 말할 것을 강조한다.

어떤 아이가 노래를 잘못 부르고 있을 경우, 미국의 부모들은 애매하게 돌려 말하지 않고 그만 하라고 직접적으로 이야기한다. 그러나 같은 상황에서 동양의 부모들은 "야, 노래 참 잘 한다"라고 말한다. 아이는 처음에는 우쭐하지만, 점차 부모의 말이 무엇을 의미하는지 알아차리고 결국 노래를 그친다. 서양인들, 특히 미국인들은 동양인들의 속마음을 알 수가 없다고 푸념하곤 하는데, 이는 동양인들이 간접적인 화법을 사용하기 때문이다. 반면 동양인들은 미국인들이 가끔 무례하다 싶을 정도로 지나치게 직설적이라고 생각한다.

이처럼 상대적으로 독립적인 사회와 상호의존적인 사회의 특징은 여러 가지 면에서 서로 다르며, 이러한 차이들은 크게 다음의 네 가지 사항으로 요약된다.

- 개인적 행위에 대한 자유 선호 대 집합적 행위에 대한 선호
- 개인의 독특성 추구 대 집단과의 조화로운 어울림 추구
- 평등과 성취 지위의 추구 대 위계 질서와 귀속 지위의 수용
- 보편적 행위 규범(모든 사람에게 동일한 행동 원리)에 대한 선호 대 특수적 행위 규범(유형과 종류와 상황에 따른 융통성 있는 행동 원리)에 대한 선호

위의 네 가지 사항은 서로 관련되어 있기는 하지만, 그 정도는 미미하다. 따라서 어떤 사회가 어느 사항에서 독립적인 성향을 가지고 있다고 해서, 반드시 다른 사항에서도 독립적인 것은 아니다.

많은 사회과학자들이 위의 각각의 사항에 있어서 여러 문화를 비교하는 다양한 조사를 시도했는데, 그중에서도 비즈니스맨들을 대상으로 한 조사 연구에서 특히 흥미로운 결과가 나타났다. 네덜란드의 경영학 교수인 찰스 햄든 터너(Charles Hampden-Turner)와 앨폰소 트롬페나(Alfonso Trompenaars)는 전 세계 1만 5,000여 명의 중간 관리급 이상 경영자들을 대상으로 연구를 실시했다. 연구자들은 그들에게 독립적 가치와 상호의존적 가치가 상충하는 딜레마 상황을 여러 개 제시했다. 예를 들어, 개인의 독특성과 집단 내 조

화의 상대적 중요성을 알아보기 위해 다음의 두 가지 직업 중 하나를 선택하게 했다.

a 개인의 자율성이 보장되고 자율권을 실현할 수 있는 직업
b 일을 잘했다고 해서 특정 개인만이 부각되기보다는 모두가 함께 일해야 하는 직업

실험 결과, 미국, 캐나다, 오스트레일리아, 영국, 네덜란드, 스웨덴 경영자의 90% 이상이 a를 선택했지만, 일본이나 싱가포르 경영자는 50% 미만이 a를 선택했다. 독일, 이탈리아, 벨기에, 프랑스 경영자들의 선택은 이 둘의 중간쯤이었다.

흔히 '미국에서 성공하려면 지역번호를 5년마다 바꿔야 한다'라는 말이 있다. 즉, 회사를 자주 바꿔야 한다는 말이다. 그러나 미국이 아닌 다른 나라에서는 일단 취직하면 그 직장과의 관계, 그리고 그 직장 동료와의 관계가 매우 중요하다. 따라서 직장을 자주 바꾸는 것은 그리 좋지 않게 여겨진다. 이 차이를 알아보기 위하여 햄든 터너와 트롬페나는 응답자들에게 다음 두 가지 중 하나를 선택하도록 지시했다.

만일 어떤 회사에 지원한다면
a 나는 평생 그 직장에서 근무할 것이다.

b 나는 얼마 지나지 않아서 다른 직장으로 옮길 것이다.

예상대로 미국, 캐나다, 오스트레일리아, 영국, 네덜란드 경영자의 90% 이상이 b를 선택한 반면, 일본 경영자들의 경우에는 40%만이 b를 선택했다(물론 최근 들어서는 기업 사이즈를 줄이는 경향이 늘어나고 있으므로 동양인들이 b를 선택하는 비율도 늘어날 것이다). 앞의 결과와 동일하게 프랑스, 독일, 이탈리아, 벨기에 경영자들의 선택은 이 둘의 중간 정도였지만, 그래도 동양 경영자보다는 서양 경영자쪽에 가까웠다.

또한 햄든 터너와 트롬페나는 노력과 능력을 통해 획득한 성취 지위와 태어나면서부터 결정된 귀속 지위의 상대적 가치를 알아보기 위하여 각국의 경영자들에게 다음과 같은 생각에 동의하는지를 물었다. '경영자는 부하보다 나이가 많아야 하며, 나이든 사람은 젊은 사람보다 마땅히 더 존경받아야 한다.' 지위를 결정하는 데나이가 중요하다는 이 견해에 대해 미국, 캐나다, 오스트레일리아, 영국, 스웨덴 경영자의 60% 이상이 거부 의사를 보였으나, 일본, 한국, 싱가포르 경영자의 60% 이상은 이에 찬성하였다.

이런 결과들을 통해 볼 때, 서로 다른 사고 방식을 가진 문화권의 사람들이 함께 일을 하게 될 때 갈등을 겪는 것은 필연적인 일이다. 특히 보편주의적 행동 규범에 익숙한 사람과 특수주의적 행동 규범, 즉 그때그때의 상황을 고려해야 하고 다른 사람들에게는 각각 다른 규범을 적용해야 한다는 규범을 가지고 있는 사람이 상호 작용할 때에는 더욱 그러하다.

서양인들은 보편주의와 같은 추상적인 규칙을 모든 사람에게 적용하기를 원하기 때문에 어떤 특수한 상황 때문에 규칙을 저버리는 행위는 부도덕한 것으로 여긴다. 그러나 이와는 반대로, 동양인들의 눈에는 모든 사람에게 똑같은 규칙을 적용하는 것이 지나치게 고지식하고 때로는 비정하게까지 보인다. 햄든 터너와 트롬페나가 던진 많은 질문들이 이러한 문화간의 현격한 차이를 보여주는데, 그중 한 예를 보자. 어떤 직원이 지난 15년 동안 회사를 위해 아주 많은 공헌을 해왔는데, 지난 1년 동안의 업무 실적은 그다지 만족스럽지 못했다. 앞으로 업무 수행 능력이 더 향상될 가능성이 없는 상황이라면 어떻게 할 것인가?

a 그가 과거에 회사에 공헌한 바나 그의 나이와는 상관없이 업무 수행 능력만을 고려하여 그를 해고할 것이다.
b 그간의 공헌을 고려하여 회사가 그 사람의 인생에 어느 정도 책임을 져야 하므로 해고해서는 안 된다.

이 질문에 대하여 미국인과 캐나다인의 75% 이상이 a를 선택한 반면, 한국인과 싱가포르인은 20%, 일본인은 30%만이 a를 선택했다. 흥미롭게도 영국, 프랑스, 이탈리아, 독일, 오스트레일리아,

네덜란드, 벨기에 등의 많은 유럽 국가 사람들은 이 질문에는 미국인들보다 동양인들과 비슷한 의견을 보였다.

서양 사람들의 '보편적인 규칙에 대한 집착'은 개인과 개인, 조직과 조직 사이의 계약에 대한 생각에도 영향을 미친다. 그들은 계약이란 한번 맺어지면 영원한 것이라고 생각한다. 설사 상황이 변해서 계약 내용이 한쪽에게 불리해지더라도 계약을 변경할 생각을 하지 않는다. 그러나 상호의존적이며 고맥락 사회인 동양에서는 상황이 변하면 계약의 내용도 바뀔 수 있다고 믿는다.

계약에 대한 이러한 생각의 차이 때문에 국가간에 마찰과 오해가 생기기도 한다. 1970년대 중반, 일본과 오스트레일리아의 '설탕 계약' 문제가 그것을 잘 보여준다. 일본의 설탕 제조업자들은 오스트레일리아의 설탕 공급자들과 1톤에 160달러로 5년 계약을 체결했다. 그러나 그 후 세계 설탕 가격이 폭락하자 일본은 상황이 변했으니 계약 내용을 변경해달라고 요구했다. 그러나 오스트레일리아는 계약은 계약이라며 정색을 했던 것이다. 계약을 보는 관점이 다르기 때문에 일어난 해프닝이라고 할 수 있다.

독립적인 사회와 상호의존적인 사회 간의 이러한 광범위한 차이들은 사회 각 분야에 여러 가지 점을 시사해준다. 그중의 하나가 '광고' 분야로서, 앞의 연구 결과들은 광고를 제작할 때에는 '그 문화의 특성에 맞추어야 한다'는 점을 시사한다. 경영학자인 한상필과 심리학자인 샤론 샤빗(Sharon Shavitt)은 미국과 한국의 주요 시사 잡지와 여성지에 등장하는 광고를 분석했다. 그 결과, 미국의 광고들은 주로 개인의 선호를 자극하거나 제품 구입으로 인한 개인의 혜택을 강조한 반면, 한국의 광고들은 주로 집단의 선호를 자극하거나 집단이 받게 될 혜택을 강조하는 경향이 있었다. 또한 '개인주의적 광고'와 '집합주의적 광고'를 제작하여 그 효과를 측정했을 때, 개인주의적 광고는 미국인에게, 집합주의적 광고는 한국인에게 더 효과적이었다.

물론 독립성이냐 상호의존성이냐는 반드시 양자택일의 문제는 아니다. 어떤 사회에서든, 어떤 개인에게든 두 가지 속성이 혼재되어 있다. 그중 어떤 속성이 더 부각되느냐는 의외로 간단하다. 사회심리학자인 웬디 가드너(Wendy Gardner), 시라 가브리엘(Shira Gabriel), 그리고 안젤라 리(Angela Lee)는 미국 대학생들을 상대로 그들이 '독립적으로', 혹은 '상호의존적으로' 생각하도록 유도했다. 이런 절차를 심리학 용어로 '점화(Priming)'라고 한다. 이를 위해 두 가지 실험이 진행되었다.

첫 번째 실험으로, 실험 참가자들에게 '왕에게 보낼 전사를 선택해야 하는 한 장군에 대한 이야기'를 읽게 했다. '독립적인 사고' 집단이 읽은 이야기에서는 왕이 그 일에 가장 적합한 개인을 선택하고 싶어한다고 기술되어 있었고, '상호의존적 사고' 집단의 이야기에서는 장군이 자신의 '가족'에게 이익을 가져다줄 사람을 선택하고 싶어한다고 기술되어 있었다.

두 번째 실험에서는 여행에 관련된 글을 주면서 독립적 사고 집단에게는 그 글에 등장하는 일인칭 단수 단어들(I, mine, my, me)을 찾아서 동그라미 치도록 했고, 상호의존적 사고 집단에게는 일인칭 복수 단어들(we, ours, us, our)을 동그라미 치게 했다.

이 과제를 마친 후에 참가자들은 개인적 자유 같은 개인주의적 가치와 집합주의적 가치, 예를 들면 소속감, 노인에 대한 존경 등이 섞여 있는 질문지를 받고 각 가치들의 중요성을 평가했다. 그 결과 독립적인 사고로 유도된 집단은 개인주의적 가치를 높게, 집합주의적 가치는 낮게 평가했지만, 집합주의적 사고로 유도된 집단에서는 그 반대 패턴이 나타났다. 또한 이들에게 A가 책 읽는 것에 너무 열중한 나머지 친구 B에게 가게에 가는 길을 가르쳐주지 않았다는 내용의 글을 읽게 했을 때, 집합주의적 사고 유도 집단이 개인주의적 사고 유도 집단보다 A를 더 비난하는 결과가 나왔다!

동양인들은 사회에 존재하는 수많은 상호의존적 단서들을 통해 끊임없이 상호의존적인 사람이 되도록 유도(점화)되고 있고, 서양인들은 독립적 단서들을 통해 독립적인 사람이 되도록 늘 점화되고 있다고 해도 과언이 아니다. 그렇기 때문에 어떤 사람이든지 독립적인 사회에서 살면 독립적 단서에 노출되기 때문에 독립적인 방법으로 사고하게 되고, 상호의존적인 사회에서 지내게 되면 상호의존적 단서에 점화되어 상호의존적인 방법으로 사고하게 될 가능성이 높다.

내가 잘 아는 캐나다 출신의 젊은 심리학자의 경우가 이를 잘 보여준다. 그는 학위를 마친 후 일본에서 수년간 연구를 한 후 미국의 여러 대학에 교수직 응모를 했는데, 그때 그가 쓴 자기 소개서를 보고 그의 지도교수는 당황스러워했다고 한다. 왜냐하면 소개서의 앞머리에서 그 젊은 심리학자는 자신이 얼마나 부족한 사람인지를 장황하게 기술해놓았기 때문이다. 수년간의 일본 생활 때문에 완전히 동양적인 사고에 물든 것이었다.

보다 더 극적인 예로, 어떤 사회에서 지내느냐에 따라 자존감 점수에 상당한 차이가 있다는 연구 결과가 있다. 교환학생 프로그램을 통해 서양에서 일정한 정도의 시간을 보낸 일본인들의 경우 자존감 점수가 그 사이에 매우 유의미하게 증가했다. 반대로 똑같은 절차를 통해 일본에서 지낸 캐나다인의 자존감 점수는 그 사이에 심하게 낮아지는 경향을 보였다. 아마도 서양 사회에는 개인의 자존감을 세워주는 요소가 더 많고, 동양 사회에는 개인의 자존감을 떨어뜨리는 요소가 많기 때문일 것이다. 이는 서로 다른 문화권의 사람들이 가지고 있는 심리적 특성들은 전적으로 고정되어 있어서 결코 변할 수 없다는 주장이 타당하지 않음을 보여준다.

동양과 서양 내에서의 국가간 차이

햄든 터너와 트롬페나의 연구는 '서양'이라는 문화권이 독립성과 상호의존성의 문제에 있어서 단일하지 않으며 서양 내에서도 국가

간에 일정한 차이가 있음을 보여준다. 예를 들어, 지중해권 국가들과 벨기에, 독일은 신교의 영향이 강하고 앵글로색슨 문화가 강한 전형적인 서양과 동양의 중간쯤에 해당하는 패턴을 보였다.

어떤 학자들은 문명이 처음 시작된 소위 '비옥한 초승달 지역(Fertile Crescent)'에서 점차 서쪽으로 이동할수록 개성, 자유, 합리성, 보편주의 같은 가치들이 보다 세련되게 다듬어지고 분명하게 드러난다고 주장한다. 예를 들면, 바빌로니아 사람들은 보편적인 법을 만들었고, 그보다 서쪽의 이스라엘 사람들은 각 개인의 독특성을 강조했고, 다시 더 서쪽의 그리스인들은 그 개성을 더욱 강조하고, 거기에 개인의 자유, 논쟁, 형식 논리를 가미시켰다. 로마인들은 이러한 가치들을 재발견하여 소위 그리스-로마 시대의 업적을 만들어냈다.

독일과 스위스에서 시작된 종교 개혁(흥미롭게도 프랑스와 벨기에는 건너뛰었다)은 개인의 책임 의식과 직업에 관한 소명 의식을 만들어냈으며, 또한 개인으로 하여금 지나치게 가족과 내집단에만 의존하던 것에서 벗어나 다른 집단의 사람들을 보다 신뢰하게 만들었다. 이러한 모든 가치들은 청교도와 신교를 포함하는 영국 내의 칼뱅주의 문화에서 정점을 이루게 되는데, 그 평등주의 사상은 훗날 미국 정부의 사상적 기초가 된다.

햄든 터너와 트롬페나의 연구 결과는 '서쪽으로의 문명의 이동' 주장과 정확하게 일치한다. 즉, 서쪽에 위치한 나라일수록 독립적 가치를 더 신봉한다는 것이다. 같은 유럽 내에서의 이러한 문화적 차이는, 미국에 살고 있는 그들의 후손들에게서도 그대로 발견된다. 내게는 매우 저명한 사회과학자 친구가 한 명 있는데, 그는 스코틀랜드계 미국인으로 칼뱅주의 교리를 신봉하는 신교도였다. 그의 아들 역시 사회과학도였는데, 1970년대 미국의 경제 사정이 좋지 않아서 안정적인 직장을 구하지 못하고 있었다. 그런데 그 친구는 아들의 그런 사정에도 불구하고 특별히 자신이 나서서 아들의 직장 문제를 해결해주지 않는 것을 자랑스러워하곤 했다.

물론 그의 위치에서라면 얼마든지 쉽게 아들의 직장을 구해줄 수 있었다. 이를 두고 앵글로색슨계의 한 친구는 잘한 일이라고 동의했지만, 보다 대륙적인, 즉 동쪽의 가치를 가진 사람들의 후예인 가톨릭 친구들이나 유대인 친구들은 가족 일에 그토록 무관심한 아버지를 이해하지 못했다. 물론 이는 개인적인 일화에 불과하지만, 체계적인 연구를 진행한다 해도 미국 내에서 가장 '서양적인' 사람들은 백인 신교도들이고, 가장 '동양적인' 사람들은 흑인이나 라틴아메리카계, 가톨릭 신자 들이다.

동양 문화권 내에서도 역시 많은 차이가 존재하며 심지어는 독립성과 상호의존성이라는 차원에서조차 차이가 있을 수 있다. 나는 1982년에 처음으로 중국을 방문했다. 중국이 전통적인 문화와 공산주의적 특징을 여전히 많이 가지고 있을 때였다. 내가 그곳에 머무르는 동안 중국 역사상 처음으로 서양 연극이 공연되었는데, 바로 『어느 세일즈맨의 죽음』이라는 작품이었다. 참으로 이상한 일이었다. 왜냐하면 어느 한 세일즈맨이라는 개인을 중심으로 이야기가 전개되는 그 연극은 가장 서양적인, 더군다나 가장 미국적인 작품이었기 때문이다. 그러나 놀랍게도 연극은 대성공을 거두었다. 그 연극의 원작가인 아서 밀러(Arthur Miller)가 공연 관련 일로 중국에 방문해서 자신의 연극이 중국에서 그토록 성공을 거둔 이유에 대해 그럴듯한 설명을 해주었다. 그에 따르면『어느 세일즈맨의 죽음』은 '가족'에 관한 연극이고, 그것이 가족을 중시하는 중국과 코드가 맞았다는 것이다. 또한 그 연극의 중요한 주제인 '체면' 역시 중국인들의 의례 존중 문화와 일치한다는 것이다.

일본도 물론 체면을 중시하지만 조직과 관련된 체면을 더 중시한다는 점에서 가족의 체면을 중시하는 중국과는 다르다. 사회학자인 로버트 벨라(Robert Bellah), 철학자인 하지메 나카무라, 심리학자인 도라 디엔(Dora Dien), 사회철학자인 린위탕 등은 중국과 일본의 또 다른 차이들을 지적했다. 예를 들어, 사회적 규제 면에서, 중국의 경우는 그 규제가 상사 혹은 윗사람 등 대개 권위자로부터 비롯되지만 일본의 경우는 대개 동료로부터 비롯된다. 학교 내에서의 통제력도, 중국에서는 주로 교사로부터 나오지만 일본에서는 동료 학생으로부터 나온다.

도라 디엔은 "중국인들은 오륜으로 대표되는 두 사람 사이의 관계를 중시하면서도 각 개인의 개성을 유지하는 데 반해, 일본에서는 집단 속으로의 개인의 완전한 융합을 강조한다"라고 적고 있다. 또 중국인들은 지중해 사람들처럼 조금은 더 느슨하고 편안한

삶의 방식을 추구하는 반면, 일본인들은 독일인이나 네덜란드인처럼 질서를 중시하는 삶을 추구한다.

일본인의 독특한 특성으로 '아마에(あまえ)'라는 개념이 자주 거론된다. 일본의 정신분석학자인 다케오 도이에 따르면 아마에란 약자나 어린아이, 혹은 부하 직원이 윗사람이나 부모에게 응석을 부리는 것을 의미한다. 충분히 가까운 관계이므로 윗사람에게 무리한 요구, 예를 들면 비싼 장난감을 사달라고 조른다든지, 무리하게 승진을 부탁한다든지 하는 부적합한 일을 할 수 있다는 것이다.

이처럼 동양과 서양 내의 국가간에 차이가 존재하긴 하지만, 동양과 서양 사이에는 그러한 국가간의 차이를 뛰어넘는 차이가 엄연히 존재한다.

논쟁하는 서양, 타협하는 동양

고대 중국에 논쟁이 없었듯이 현대 동양 사회에서도 논쟁은 미미하게 오갈 뿐이다. 반면, 서양인들에게 논쟁은 제2의 천성과도 같다. 미국인들은 아주 어릴 적부터 자기 의견을 주장하는 훈련을 받는다. 일본인 친구가 말하기를, 일본에는 '자유롭고 활발한 토론(lively discussion)'이라는 것이 거의 존재하지 않는다고 한다. 왜냐하면 논쟁이 집단의 화목에 위험 요인으로 작용한다는 인식 때문이다. 그가 한번은 용기를 내서 자기 주장이 분명해 보이는 일본 친구들을 초대해서 미국식 파티를 열었다고 한다. 사람들 사이의 자유로운 논쟁을 기대했던 그의 바람은 무너지고 말았다. 자신의 의견을 제시하는 사람이 별로 없었을 뿐 아니라, 자신의 주장이 반박당할 때 그것을 방어하는 사람들 역시 많지 않았던 것이다.

논쟁의 전통이 없다는 사실은 정치적으로 매우 중요한 점을 시사한다. 한국 사회에서 북한에 대해 자유롭게 이야기하게 된 것은 비교적 최근의 일이며, 그 전의 정부는 사람들이 북한에 대하여 말하는 것조차 금지시켰다. 이는 서양인인 나의 관점에서는 무척 이해하기 힘든 일이다. 왜냐하면 한국은 지난 40여 년 동안 세계에서 가장 뛰어난 경제적 성장을 이루었지만, 북한은 전적으로 실패한 체제를 고수해온 나라이기 때문이다.

따라서 한국과 북한을 비교하고 서로의 장단점을 논하는 논쟁이 벌어진다면 모두가 한국의 우월성을 인정할 것이 자명함에도 불구하고, 논쟁의 전통이 없는 한국인에게는 옳은 주장이 결국 승리하리라는 신념이 결여되어 있었던 것이다. 따라서 과거 한국 정부는 북한에 관한 정보로부터 자국민을 '보호'하고자 했고, 북한에 관한 어떠한 형태의 정보도 공개하지 않았다. 서양인의 관점에서는 북한의 실상을 공개하는 것이 오히려 자국민을 보호하는 더 효과적인 방법이었을 것이다.

논쟁의 전통은 법률 분야나 과학에서의 수사학(rhetoric) 양식과 밀접하게 관련되어 있다. 대개의 과학 논문은 연구 아이디어에 대한 개괄적인 소개, 관련 이론 기술, 구체적인 가설 기술, 연구 방법

및 그 정당성 기술, 연구 결과 제시, 연구 결과가 가설을 지지하는 주장 전개, 다른 대안 주장들에 대한 반박, 기본 이론에 대한 재언급, 보다 큰 영역으로의 확장 가능성 언급으로 구성되어 있다.

미국인들은 아주 어릴 적부터 이와 같은 논리적 구조를 학습하기 때문에 대학원생 정도가 되면 이 구조를 거의 제2의 천성처럼 자연스럽게 받아들인다. 그러나 동양인들에게 이러한 수사 구조는 상대적으로 낯선 것이기 때문에 그것을 배우는 데는 꽤 많은 시간이 걸린다. 이 때문에 미국 교수들은 매우 성실하며 똑똑하다고 믿고 선발했던 동양 학생들이 제출하는 첫 번째 논문을 읽고 나서 대개는 크게 실망한다. 단순히 영어가 서툴러서가 아니라 그 학생들의 논문에 논리적 구조가 전혀 반영되어 있지 않기 때문이다. 대다수의 미국 교수들은 동양 학생들의 그러한 문제가 근본적인 능력의 문제가 아니라 그들이 서양식 수사법에 익숙하지 않아서라는 사실을 깨닫지 못한다.

동양에서는 분쟁을 해결할 때에도 논쟁을 잘 벌이지 않는다. 대개 두 사람 사이에 갈등이 생기면 제3의 중재자를 찾는데, 이 사람의 주 임무는 정의를 실현하는 것보다는 두 당사자 사이의 적대감과 갈등을 완화시키는 것이다. 대체로 그들은 '중용의 도'를 내세워 타협을 유도한다. 동양에서는 서양식의 해결법이 너무 몰인정하고 비인간적인 것으로 간주되는 경향이 있다.

협상의 스타일에 있어서도 고맥락의 동양 사회와 저맥락의 서양 사회는 크게 다르다. 정치학자인 무샤코지 긴히데는 서양의 협상

스타일을 에라비(えらび)로, 일본인의 협상 스타일을 아와세(あわ
せ)로 표현한다. 에라비 스타일은 자신의 환경은 스스로 통제할 수
있다는 신념에 근거하고 있다. 즉, 개인은 각자 목표를 세우고, 목
표를 이루기 위해 구체적인 계획을 수립하고, 계획에 따라 환경을
바꾸어나간다. 이런 스타일의 사람은 인간 관계에 크게 신경을 쓰
지 않는다. 서양인들은 자신이 원하는 것을 분명히 알고 있고, 따
라서 원하는 것을 얻기 위해서는 무엇을 양보해야 하는지를 알기
때문에 협상 과정에서 내리는 결정이나 그들이 제시하는 안건들은
'이것 아니면 저것'의 형태를 띠고 있다. 협상은 요점만 다루기 때
문에 시간 낭비 없이 단기간에 끝난다.

　그러나 일본인의 스타일 아와세는 협상에 있어 관계를 중시한
다. 일본인들은 첫 합의를 끌어내는 과정에서 미국인들보다 양보
를 많이 한다. 왜냐하면, 처음 얻어낸 합의가 장기적인 상호 신뢰
와 협조에 중요하다고 생각하기 때문이다. 그들은 단기적인 관점
에서 현명해 보이는 행동이 장기적인 안목에서는 어리석은 일이라
고 믿는다. 일본인들은 협상에 임할 때 쟁점이 매우 복잡하게 서로
얽혀 있다고 가정하는 반면, 미국인들은 쟁점이 분명하고 단순하
다고 가정하는 경향이 있다.

　지금까지의 논의를 요약하자면 평균적으로 동양인과 서양인 사
이에는 매우 큰 사회심리적 차이가 존재한다. 동양인들은 상호의
존적인 사회에서 살기 때문에 자기(self)를 전체의 일부분으로 생

각하지만, 서양인들은 독립적인 사회에서 살기 때문에 자기를 전체로부터 독립된 존재로 여긴다. 동양인들에게 있어서 성공과 성취란 자신이 속한 집단의 영광을 의미하나, 서양인들에게 있어서 그것은 개인의 업적을 의미한다. 동양인들은 인간 관계 속에 조화롭게 '적응'하기 위해서 끊임없이 자기비판을 하지만, 서양인들은 개성을 중시하기 때문에 자신을 긍정적으로 보려고 노력한다. 동양인들은 타인의 감정에 민감하게 반응하며 인간 관계의 조화를 추구하지만, 서양인들은 자기 자신에게 충실하고 인간 관계를 희생해서라도 정의를 추구한다. 동양인들은 위계 질서의 필요성을 인정하고 집단의 통제를 수용하지만, 서양인들은 형평성을 존중하고 개인의 자유를 선호한다. 동양인들은 모순과 논쟁을 회피하지만 서양인들은 법률, 정치, 과학의 영역에 이르기까지 적극적으로 논쟁을 끌어들인다.

앞서 언급했지만, 동양과 서양 사이의 이러한 차이가 동양 사람과 서양 사람 모두에게 그대로 적용되는 것은 아니다. 서양 사회에도 동양인과 비슷한 사람이 있고, 동양 사회에도 생각하고 행동하는 것이 서양인에 더 가까운 사람이 있다. 또한 나이가 들면서 한 개인의 특성이 변하기도 한다. 그러나 이러한 문화 내의 차이에도 불구하고, 평균적으로 보았을 때 동양인과 서양인 사이에 큰 차이가 존재하는 것은 엄연한 사실이다.

전체를 보는 동양과
부분을 보는 서양

자연을 등장시키는 광고는 서양에서보다
동양에서 훨씬 더 효과적이라고 한다.

보다 상호의존적인 사회에서 살고
있는가, 아니면 보다 독립적인 사회에서 살고 있는가 하는 사회적 존
재 방식이 세상을 '보는' 방법을 결정하는가? 만일 그렇다면 오늘을 살
고 있는 동양인들은 개인의 힘보다는 외부의 힘을 중시하는 집합주의
적이고 상호의존적인 사회에 살기 때문에 '외부 환경'에 더 많은 주의
를 기울일 것이다. 반면에 서양인들은 개인주의적이고 독립적인 사회
에서 살기 때문에 보다 분석적인 눈으로 세상을 보고 환경보다는 '사
물' 자체에 많은 주의를 기울일 것이다.

동양의 종합과 서양의 분석

고대 그리스 철학자들은 우주를 개별적이고 독립적인 사물들의 조합으로 생각했지만 고대 중국 철학자들은 우주를 하나의 연속적인 물질로 간주했다. 같은 나무 조각이라도 중국 철학자들에게는 하나의 연속적인 물질이었지만 그리스 철학자들에게는 미세한 입자들의 결합이었다. 고대 중국과 그리스 철학자들 사이의 이와 같은 차이는, 놀랍게도 현대 동양인과 서양인 사이에서도 발견된다.

인지심리학자인 무츠미 이마이와 디드레 겐트너(Dedre Gentner)는 2살이 채 안 된 아이들에서부터 성인에 이르기까지 다양한 연령대의 일본인과 미국인에게 특정 재료로 만들어진 어떤 모양의 물체를 보여주었다. 예를 들어, '코르크'로 '피라미드'를 만들어서 보여주고 사람들에게 그것이 닥스(Dax)라고 알려주었다. '닥스'는 실제로는 존재하지 않는 것으로 실험자가 임의로 만들어낸 이름이다. 그런 후에 두 물체를 보여주었는데, 그중 하나는 모양은 앞에서 본 피라미드와 같았지만 재료는 코르크가 아니라 하얀 플라스틱이었다. 다른 하나는 재료는 같았지만 모양은 피라미드가 아니었다. 그러고 나서 사람들에게 어떤 것이 '닥스'인지 고르게 했다. 그 결과 매우 놀랍게도 미국인들은 주로 '같은 모양'을 하고 있는 물체를 선택했고, 일본인들은 '같은 재료'로 만들어진 물체를 선택했다. 4살 아이들의 경우, 미국 아이들의 약 3분의 2 이상이 같은 모양을 선택했지만, 일본 아이들의 경우는 3분의 1도 채 안 되는 아이들이 같은 모양을 선택했다. 이러한 차이는 성인에게서도, 심지어 2살 된 아이들에게서도 나타났다. 이마이와 겐트너의 연구에 따르면, 서양인과 동양인은 글자 그대로 서로 다른 세상을 보고 있는 것이다. 서양인은 개별적 '사물'을 보고 있고 동양인은 연속적인 '물질'을 보고 있는 것이다.

내가 살고 있는 미국 미시간 주의 앤아버라는 도시에는 1900년대 초까지만 해도 원두막 별장이 많이 있었다. 이 조립식 집들은 배로 운송되어 와서, 열차로 도시까지 배달되고, 나중에는 말들에 의해 산의 언덕까지 운송되었다. 그러고 나면 마치 퍼즐이 맞춰지듯 부분 부분이 조립되어 집이 완성되었다. 얼마 지나지 않아, 앤아버에서 40마일 정도 떨어진 포드 자동차 회사의 헨리 포드는 소위 일관작업열(assembly line)이라는 것을 도입했고, 노동자들은 자신의 위치에서 주어진 부품을 반복해서 조립하기만 하면 되었다. 18세기 후반과 19세기에 서양은, 특히 미국은, 제조업 분야에 '자동화'를 도입하기 시작했다. 구식 총에서 가구에 이르는 모든 제조품들이 가장 기본적이고 표준적인 단위로 분해되고, 그러한 부분들을 만들고 조립하는 데에 가장 효율적인 동작들이 분석되었다. 그 결과, 이전에 전문 기술자가 몇 달이나 걸려서 만든 제품을 이제는 몇 시간 내로 생산할 수 있게 되었다. '시간'도 하나의 분해 가능한 실체가 되었다. 예를 들면, '브레이크 볼트에 3분', '스파크

플러그 조립에 2분 30초' 등과 같은 분석이 가능해진 것이다. 19세기 말에 들어서는 소매업에서도 소위 체인 제도가 도입되었다. 서로 다른 지역에 존재하는 시어스 백화점이나 맥도널드에 가더라도 똑같은 상품 진열 구조를 볼 수 있게 되었다. 이는 사물 위주로 세상을 분석하는 서양인들의 습관이 반영된 것이다.

서양인들이 사회 구조를 이해하는 방식에도 이러한 분석적 사고가 배어 있다. 햄든 터너와 트롬페나는 중간 관리자들에게 그들의 회사 조직을 '업무를 조직화하는 시스템'으로 보는지, 아니면 '함께 일하는 사람들의 유기체'로 보는지를 물어보았다. 구체적으로 다음의 두 가지 견해 중 하나를 선택하게 했다.

a 회사는 주어진 업무와 기능을 효율적으로 하기 위하여 설계된 시스템이다. 사원들은 기계나 다른 도구의 도움을 받아서 이러한 기능을 수행하도록 고용되었고 업무 수행의 대가로 월급을 받는다.

b 회사는 함께 일하는 사람들의 집단이다. 사원들은 다른 사원들과 그리고 회사와 사회적 관계를 맺고 있으며, 회사의 기능은 그러한 관계들에 의해 좌우된다.

응답을 분석한 결과, 미국인의 약 75%, 그리고 캐나다, 오스트레일리아, 영국, 네덜란드, 스웨덴 사람의 약 50%가 a를 선택했지만, 일본인과 싱가포르인은 3분의 1도 안 되는 사람들이 a를 선택했다. 독일, 프랑스, 이탈리아 사람들은 서양과 동양의 중간쯤에 해당했다. 이 결과는 서양인, 특히 미국인들에게 회사는 고유 업무를 수행하는 사람들이 원자처럼 결합되어 있는 시스템이지만, 동양인에게는 사회적 관계로 맺어진 유기체라는 사실을 잘 보여준다.

고대 중국인들은 자연 세계와 초자연 세계의 현상을 이해하는 과정에도 종합적 사고 방식을 적용했다. 그들은 땅(인간계)에서 일어나는 사건이 자연계와 우주 전체에 영향을 준다고 생각했다. 이런 생각은 현대의 동양인들에게도 여전히 남아 있는 것 같다. 예를 들면, 도교 사상이나 일본의 신도 사상의 경우 모두 강한 애니미즘을 내포하고 있어서, 동물이든 식물이든, 심지어 인간이 만들어낸 인공물조차 모든 사물은 영혼을 가지고 있다고 믿는다.

자연을 등장시키는 광고는 서양에서보다 동양에서 훨씬 더 효과적이다. 일본의 닛산 자동차 회사가 '인피니티(Infiniti)'라는 고급 세단을 미국에서 광고할 때 아름다운 자연 풍경을 계속 보여주고 맨 마지막에서야 인피니티라는 이름을 내보냈다. 예상대로 이 광고는 미국에서 별로 성공하지 못했다. 아이러니컬하게도 인피니티 대신 나무나 바위의 판매고만 증가했다고 한다! 자연과 하나가 되는 메시지는 서양인들에게는 덜 매력적이었던 것이다.

앞선 연구 결과를 보면, 유럽 대륙 사람들의 태도나 가치관은 동양과 서양의 중간쯤이다. 흥미롭게도 이들의 지적 전통 또한 미국이나 영국의 전통보다는 동양적인 '종합적' 색채를 상대적으로 띠고 있다. '큰 그림을 보라'라는 가르침은 앵글로색슨 문화보다 대륙 문화에서 더 자주 쓰이며, 앵글로색슨계의 철학자들이 언어를 미시적으로 분석한 반면 대륙의 철학자들은 현상학, 실존철학, 구조주의, 탈구조주의, 탈근대주의와 같은 문제들에 몰두했다. 정치·경제·사회 사상에 대한 거시적인 이론 체계들 역시 주로 대륙에서 시작되었다.

예를 들면, 마르크스주의는 독일의 산물이고, 사회학은 프랑스의 오귀스트 콩트(August Comte)에 의해 만들어졌으며 독일인인 막스 베버(Max Weber)에 의해 그 절정에 이르렀다. 또한 심리학에서도 거대 이론을 주창한 사람들은 오스트리아의 프로이트(Freud)와 스위스의 피아제(Piaget) 같은 대륙 지역 출신들이 대부분이다. 나의 주 영역인 사회심리학도 독일학자인 쿠르트 레빈(Kurt Lewin)과 프리츠 하이더(Fritz Heider)가 그 창시자로 꼽힌다. 내가 뒤늦게 뛰어든 문화심리학이라는 분야는 인간 행동에 영향을 주는 역사적·문화적 맥락을 중시하는 학문인데, 이 역시 러시아의 레프 비고츠키(Lev Vygotsky)와 알렉산데르 루리아(Alexander Luria)라는 학자에 의해 시작되었다.

앵글로 아메리칸 학자들은 좀처럼 거대 이론을 만들려고 하지 않았을 뿐만 아니라 그러한 이론에 대해 심한 거부 반응을 보였다. 미국적 심리학의 대부라고 할 수 있는 B. F. 스키너(Skinner)는 이론이란 너무 일반적이고 추상적이기 때문에 그 어떤 것이든 불필요하다고 주장했다. 나의 대학원 시절, 거대 이론에 집착했던 동기생들은 개똥철학을 한다고 비난받기 일쑤였다. 당시의 사회학 교수는 그 유명한 로버트 머튼(Robert Merton)이었는데, 그도 거대 이론보다는 '중간 수준의 이론(theories of the middle range)'을 옹호했다. 이탈리아의 어느 학자는 이 말을 번역하면서, 어쩌면 미국 학자를 비꼬기 위해 일부러 그랬는지도 모르지만, '평범한 수준의 이론(theories of average level)'으로 오역했다고 한다!

세상을 지각하는 서로 다른 눈

동양인들은 주변 상황에 맞추어 행동하려고 하기 때문에, 다른 사람들의 태도나 행동에 서양인보다 더 많은 주의를 기울인다. 심리학자인 지리준, 노버트 슈워츠(Norbert Schwarz) 그리고 내가 수행한 연구에 따르면, 중국의 베이징대학 학생들과 미국의 미시간대학 학생들을 비교해보았을 때 실제로 중국 학생들이 다른 학생들의 태도나 행동에 대해 더 많이 알고 있었다.

미시간대학의 트레이 헤든(Trey Hedden)과 데니스 파크(Denise Park) 그리고 베이징대학의 징치청은 더 놀라운 연구 결과를 발표했다. 그들은 단어에 대한 기억이 제시된 배경에 의해 어떠한 영향을 받는지 알아보는 실험을 실시했는데, 한 그룹의 실험 참가자들에게는 단어를 제시하면서 화면 배경에 사람들의 모임(즉 사회적 배경)을 보여주고, 다른 그룹에게는 비사회적인 배경을 보여주거나 아무런 배경도 보여주지 않았다. 그런 후에 기억하는 단어들을 말하게 했더니, 놀랍게도 비사회적 배경이나 배경이 없던 조건에서는 중국인이나 미국인이 동일한 기억 양상을 보였지만, 사회적 배경 조건에서는 중국인들의 기억 능력이 훨씬 더 뛰어난 것으로 나타났다! 이는 사람들이 모여 있는 배경이 중국 사람들에게는 기억을 위한 단서로 작용한다는 것을 보여주며, 중국인들이 다른 사람들에게 주의를 많이 기울인다는 간접적 증거이기도 하다.

서양인들은 과거를 기억할 때 자신을 주인공으로 하여 회상하지만, 동양인에게는 그런 경향이 약하게 발견된다. 발달심리학자인 제시카 한(Jessica Han), 미셸 라이히만(Michelle Leichtman)과 황치는 4살과 6살의 아이들에게 하루 일과를 회상하게 했다. 그 결과, 연구자들은 세 가지 흥미로운 차이점을 발견했다. 첫째, 중국과 미국의 어린이들이 다른 사람보다는 자기 자신에 관한 이야기를 많이 했지만, 그 정도에 있어서는 미국 아이들이 3배 정도 더 강한 경향을 보였다. 둘째, 중국 아이들은 그날 있었던 많은 사소한 사건들을 간단명료하게 기술했지만, 미국 아이들은 자기에게 중요했던 소수의 일들만 아주 천천히 기술했다. 그리고 마지막으로, 미국 아이들은 자신의 생각이나 감정을 자주 언급했지만 중국 아이들은 별로 그런 모습을 보이지 않았는데, 그 차이는 거의 2배에 달했다.

동양인들이 사건에 대해 보다 종합적인 관점을 가지고 있으며 다른 사람의 시각에서 바라보려고 한다는 것은 사회심리학자인 도브 코헨(Dov Cohen)과 알렉스 건즈(Alex Gunz)의 연구에서도 밝혀진 바 있다. 그들은 서양 학생들(주로 캐나다 학생들)과 동양 학생들에게 자신이 남들의 주목을 끌었던 10가지 상황들을 기억하게 했

다. 그 결과 서양 학생들은 주로 자신의 관점, 즉 안에서 밖을 내다
보는 관점에서 회상한 반면, 동양 학생들은 제3자의 입장에서 기
술하는 경향을 보였다.

　나의 제자인 일본인 대학원생 다카 마스다가 미시간대학에 유학
하면서 처음으로 미식축구 게임을 보러 갔을 때의 일이다. 그는 게
임 자체는 매우 재미있게 보았으나, 주변 관중들의 행동에 질려버
렸다. 그들은 계속해서 일어선 상태로 게임을 보았고, 때문에 뒤에
있던 그의 시야를 계속 가리고 있었던 것이다. 항상 '뒤를 잘 살펴
라'라는 말을 들으며 자란 그였기 때문에 그는 관중석에서 잠시 일
어서더라도 뒷사람을 생각해서 곧바로 다시 앉곤 했다. 그런 그에
게 뒷사람을 전혀 고려하지 않는 미국 관중들의 행동은 좀처럼 이
해하기 어려운 것이었다.
　마스다는 이 경험에서 아이디어를 얻어 '동양인들은 더 넓은 각
도의 렌즈로 세상을 본다(즉, 뒤도 신경 쓰는 것처럼)'라는 가설을 세
우고 이를 검증하기 위하여 아주 단순하면서도 인상적인 실험을
실시했다. 실험에는 일본 교토대학 학생들과 미국 미시간대학 학
생들이 참여했다. 마스다는 실험 참가자들에게 컴퓨터 화면을 통
해 물속 장면을 담은 애니메이션을 20초 가량 두 번 보여주었다.
총 8개의 화면을 보여주었는데, 각 화면의 중앙에는 초점의 역할
을 하는 물고기가 한 마리 있었다. 이 물고기는 주위의 다른 것들
보다 크고 색깔도 밝아서 참가자들의 주의를 끌기에 충분했다. 애

회상 검사

재인 검사

원래의 배경과 함께
제시된 물고기

새로운 배경과 함께
제시된 물고기

물속 장면의 예들
(위) 회상 검사를 위한 애니메이션의 한 프레임
(아래) 재인 검사를 위한 정지 사진

니메이션에는 초점이 되는 그 물고기말고도 다른 수중 동물, 수초, 자갈, 물거품 등이 함께 등장했다. 각 화면을 두 번 보고 난 후, 참가자들은 자신이 본 것을 회상해보라는 지시를 받았다.

그 결과, 미국 학생과 일본 학생 모두 중앙의 초점 역할을 했던 물고기를 동일한 정도로 언급했으나, 배경 요소(물, 바위, 물거품, 수초, 다른 동물들)에 대해서는 일본 학생들이 미국 학생보다 60% 이상 더 많이 언급했다. 뿐만 아니라 일본 학생들은 미국 학생들에 비해, 개별적 물고기보다 전체적인 관계를 더 언급하는 경향을 보였다. 예를 들어, 일본 학생들의 회상은 대체로 "음, 연못처럼 보였어요"처럼 전체 맥락을 언급하면서 시작되었지만, 미국 학생들의 회상은 "송어 같은데 큰 물고기가 왼쪽으로 움직였어요"처럼 초점의 역할을 했던 물고기 자체의 언급으로 시작되었다.

회상 검사를 마친 후, 참가자들은 96개의 사물들을 담은 사진을 제시받았다. 그것들 중 절반은 애니메이션에 등장했던 것이고, 나머지 절반은 처음 제시되는 것이었다. 그리고 애니메이션에 등장했던 것들 중 일부는 애니메이션의 원래 배경 중 일부와 함께 제시되었지만 다른 것들은 전혀 다른 배경과 함께 제시되었다. 참가자들의 과제는 각 사물이 애니메이션에서 본 것인지 아닌지를 판단하는 것이었다(앞 페이지 그림 참조).

그 결과, 미국 학생들은 애니메이션에서 보았던 사물이 원래 배경과 함께 등장하든 새로운 배경과 함께 등장하든 별 차이를 보이지 않았다. 그러나 일본 학생들의 경우는 사물이 원래의 배경과 함께 제시될 경우에만 정확히 기억하는 경향을 보였다. 다시 말해, 개별 사물이 주변 배경에 '고착'되어서 기억되는 것이었다. 미국 학생들은 개별 사물을 주변 환경에서 '떼어내어' 기억하기 때문에 어떤 다른 배경과 제시되더라도 영향을 덜 받았던 것이다.

마스다와 나는 후속 연구로서 다른 배경과 다른 동물들을 사용하여 이 실험을 반복했다. 또한 기억의 정확도뿐만 아니라 얼마나 빨리 기억하는가 하는 반응 시간도 함께 측정했다. 이번에도 동일한 결과가 나왔다. 즉, 배경 조작은 미국인보다 일본인에게 더 큰 영향을 주었다. 반응 시간에 있어서도, 원래의 사물이 낯선 배경과 제시되면 일본인들의 기억 반응은 늦어졌지만 미국인들은 별 차이를 보이지 않았다!

영화를 자세히 보면 장면과 장면 사이에 조금씩 변화가 일어나는 것을 볼 수 있다. 연기자들이 서 있는 방향이나 거리도 이전 장면과 다르고, 담배가 타들어간 정도조차 달라지기도 한다. 영화를 찍다 보면 흔히 일어나는 일이지만, 보통 일반 관객들은 잘 모르고 넘어간다. 그런데 만일 동양인들이 서양인들보다 전체 맥락에 더 주의를 기울인다면 영화에서 일어나는 이러한 변화를 더 민감하게 알아내지 않을까? 마스다와 나는 이를 실험을 통하여 검증해보기로 했다. 일본과 미국의 학생들에게 컴퓨터로 제작한 비디오 장면들을 보여주고 난 뒤 두 장면들이 서로 어떻게 다른지 보고하도록 했다(뒷 페이지 그림 참조).

장면 1

장면 2

비행장이 나오는 영화의 두 장면

두 장면은 비슷해 보이지만 100% 동일한 것은 아니다. 예를 들면, 이륙하고 있는 비행기의 경우 한 장면에서는 바퀴가 내려와 있지만 다른 장면에서는 내려와 있지 않다. 사물들 사이의 관계도 조금씩 다르다. 예를 들어 헬리콥터와 바로 앞의 비행기 사이의 거리가 두 그림에서 서로 다르다. 이 과제에서도 우리가 예상한 대로, 일본 학생들이 미국 학생들보다 '배경에서의 차이'와 '관계들에서의 차이'를 훨씬 많이 찾아냈다.

동양인이 서양인에 비해 주위 환경에 더 예민하다면, 사건 간의 관련성에 대해서도 더 정확한 판단을 내릴 수 있을 것이다. 심리학자인 지리준, 펑카이핑과 나는 이 가설을 검증하기 위하여 중국 대학생들과 미국 대학생들을 대상으로 실험을 실시했다.

컴퓨터 화면을 둘로 나누어서, 왼쪽에는 '메달'이나 '전구' 같은 임의적인 형상을 보여주고, 바로 뒤이어서 오른쪽 화면에는 '손가락'이나 '동전' 같은 또 다른 임의적인 형상을 보여주었다. 한 조건에서는 왼쪽 화면에 나타나는 것과 오른쪽 화면에 나타나는 것 사이에 아무런 관련이 없었다. 그러나 다른 조건에서는 둘 사이에 상당한 관련성이 있도록 조작되었다. 그런 후에, 실험 참가자들에게 왼쪽 화면과 오른쪽 화면에 나타난 사물들 사이에 어느 정도의 관련성이 있는지, 그리고 자신의 그러한 판단을 얼마나 확신하는지 질문해보았다.

예상한 대로 미국 학생보다 중국 학생들이 왼쪽 화면과 오른쪽 화면에 나타나는 패턴 사이에 더 밀접한 관련성이 있다고 보고했으며, 그런 자신들의 판단에 강한 확신을 보였다. 또한 '실제로 존재한 관련성'과 '참가자들의 확신도'가 일치하는 정도가 중국 학생들 사이에서 더 높게 나타났다. 흥미로운 사실은, 미국 학생들은 처음 몇 번의 제시에 영향을 많이 받은 반면, 중국 학생들의 경우는 그 정도가 훨씬 덜했다는 것이다. 예를 들어, 전구와 메달이 처음에 같이 제시되면 실제로는 둘 사이에 아무런 관련이 없음에도 불구하고 미국 학생들은 둘이 같이 나타나는 것을 규칙으로 오판했지만, 중국 학생들은 그러한 오류를 거의 범하지 않았다.

동양인들이 전체에 더 주의를 기울인다는 사실은 앞에서 소개한 연구들에 의해서 어느 정도 밝혀졌다. 그렇다면 반대로, '전체 맥락에서 부분을 분리해내는 과제'에서는 미국인들이 동양인들보다 더 뛰어날까? 서양인들이 분석적인 방법으로 세상을 지각한다면 분명 그럴 것이다. 예를 들어 숨은그림찾기 같은 과제에서는 '분석적이고 다분히 협소한' 접근법이 유리하기 때문이다. 이를 증명하기 위해 우리는 소위 '막대기-틀(rod-frame)' 검사를 실시했다.

이 검사에는 특별한 구조를 가진 장치가 사용된다. 기다란 상자의 끝에 막대기가 설치되어 있는데, 이 막대기는 상자와 따로 움직일 수 있다. 또한 상자도 따로 움직일 수 있는데, 사람이 상자에 얼굴을 집어넣고 보면 상자는 '틀'로서 작용하고 그 전면에서 막대기를 볼 수 있다. 실험 참가자의 과제는 막대기가 지면과 수직을 이루는지의 여부를 판단하는 것이다. 그런데 문제는 막대기도 움직이지만 그 상자 또한 움직이기 때문에 설사 막대기가 지면과 수직이더라도 상자와는 수직이 아닐 수 있고, 또 상자와는 수직이나 지면과는 수직이 아닐 수 있다. 따라서 참가자는 상자(틀)의 위치를 무시한 채 막대기의 수직 여부를 판단해야 한다.

소위 '장-독립적(field-independent)' 사고를 하는 사람은 이 과제를 잘 수행할 수 있지만 상자의 위치에 의해 판단이 좌우되는 '장-의존적(field-dependent)' 사고를 하는 사람은 이 과제를 잘하지 못한다. 실험 결과, 동양인들(주로 중국인과 한국인)이 미국인들보다 상대적으로 실수를 더 많이 범했다. 즉, 전체 환경(상자의 위치)에서 부분(막대기 위치)을 독립적으로 떼어내어 보는 것이 미국인들에 비해 익숙하지 않았던 것이다.

세상을 통제하려는 서양과 세상에 적응하려는 동양

'세상은 단순하고, 따라서 어떤 일을 성취하기 위해서는 그 일 자체에만 신경 쓰면 된다'라고 믿는 사람에게는 세상이 통제 가능한 곳으로 보일 것이다. 그러나 '세상은 복잡하고 세상사는 예측할 수 없이 자주 바뀐다'라고 믿는 사람에게 세상은 통제하기 어려운 곳이다.

연구에 따르면, 동양인에 비해 서양인들이 훨씬 더 세상을 통제

가능한 곳으로 여긴다. 동양인들은 환경을 바꾸기보다는 스스로를 환경에 맞추려고 한다. 사회심리학자인 베스 몰링(Beth Morling), 시노부 기타야마 그리고 유리 미야모토는 일본과 미국의 학생들에게 스스로를 환경에 맞추어 적응했던 경험과 환경을 자신에 맞게 바꾸었던 경험을 회상하게 했다. 그 결과, 일본 학생들은 스스로를 환경에 맞추어 적응했던 경험을 더 많이 보고했고, 미국 학생들은 환경을 자신에 맞추어 변화시켰던 경험을 더 많이 보고했다. 실제로 미국 학생들은 환경에 자신을 맞추려고 노력했던 경험이 있느냐는 질문에 다소 황당해하고 어떻게 답해야 할지 몰라 불안해하는 모습까지 보였다.

또한 동양인과 동양계 미국인, 그리고 유럽계 미국인들을 대상으로 실시한 한 연구조사에 따르면, 유럽계 미국인들의 경우에는 생활의 통제감이 개인의 정신 건강과 아주 밀접하게 연관되어 있는 반면, 동양인과 동양계 미국인들에게서는 그 정도가 훨씬 덜했다. 흥미롭게도 동양인들은 자신이 세상을 통제할 수 있다는 믿음보다 자신을 통제해줄 사람이 주변에 있다고 믿을 때 더 행복감을 느꼈다. 서양인들에게는 자신의 직접적인 통제가 중요하지만, 동양인에게는 누군가와 같은 배에 타고 있다는 일체감이 중요한 것이다.

조직심리학자인 크리스토퍼 얼리(Christopher Earley)는 중국과 미국의 경영자들에게 다음의 세 가지 다른 조건 하에서 특정 과제들을 수행하게 해보았다. 첫 번째 조건에서는 혼자 과제를 수행하는 것이라고 생각하게 했고, 두 번째 조건에서는 같은 고향 출신에

취미가 비슷한 다른 경영자, 즉 내집단과 함께 일하는 것으로 생각하게 했으며, 마지막 조건에서는 다른 지역 출신에 자신과 전혀 공통점이 없는 경영자, 즉 외집단과 일하고 있다고 생각하게 했다. 그러나 실제로는 어느 조건에서든 혼자 일을 했다.

내집단 조건과 외집단 조건의 경영자들에게는 과제에 대한 평가가 개인 수준이 아닌 집단으로 이루어진다는 점을 미리 일러두었다. 그런 후에 일의 수행 결과를 보았더니, 중국 경영자들은 혼자 혹은 외집단과 일한다고 생각한 조건보다는 내집단과 일한다고 생각한 조건에서 훨씬 더 열심히 일한 반면에, 미국 경영자들은 혼자 일하는 것으로 생각한 조건에서 가장 좋은 수행 능력을 보였으며 내집단과 외집단 조건 사이에는 별 차이가 없었다.

'여럿이 있으면 안전하다(There's safety in numbers)'라는 격언은 원래 서양에서 유래한 것이지만, 서양 사람보다는 동양 사람들의 심리를 더 잘 대변하는 것 같다. 사회심리학자인 스스무 야마구치와 그 동료들은 그 사실을 증명해 보였다. 그들은 실험 참가자들에게 '쓴 음료를 마시는 것과 같은 불쾌한 경험이 과제 수행에 미치는 영향'을 연구하고 있다며, 이 연구에는 불쾌한 경험을 하는 조건과 그렇지 않은 통제 조건이 있으며 각 참가자가 어느 조건에 배정될지는 제비뽑기로 결정할 것이라고 통보했다. 그리고 그 제비뽑기는 '단독' 조건과 '집단' 조건으로 실시될 것이라고 알려주었다.

'단독' 조건의 참가자들은 각 사람이 총 4개의 제비를 뽑을 것이라는 애기를 들었다. '집단' 조건의 참가자들은 4명이 집단을 이루어서 각 사람이 한 번씩 제비를 뽑게 된다고 믿었다. 연구자들은 두 조건 모두 4장의 제비에 적힌 숫자를 합하여 누가 혹은 어떤 집단이 쓴 음료를 마시게 될지를 결정할 것이라고 설명했다.

그런 다음 참가자들에게 자신이 쓴 음료를 마시게 될 가능성에 대해 물었다. 그 결과, 일본인 참가자들은 '집단' 조건에서 자신의 불운의 가능성을 더 낮게 판단했으나, 미국인 참가자들은 정반대의 패턴을 보였다. 즉, '단독'으로 제비를 뽑을 때 쓴 음료를 마실 가능성이 더 낮다고 생각한 것이었다. 분명 동양인들은 여럿이 있을 때 편안해 하는 듯하다.

동양의 순환론과 서양의 직선론

고대 그리스의 철학자들은 사물이란 쉽게 변하지 않으며 설사 변하더라도 일정한 방향과 일정한 속도로 변한다고 믿었다. 현대 서양인들 역시 그러한 믿음을 가지고 있는 듯 보인다. 그러나 고대의 중국 철학자들과 그들의 사고를 이어받은 현대의 동양인들은 사물이란 항상 변하는 존재이며 현재 어떤 방향으로 변하고 있다고 해서 계속 그 방향으로 변하리라고 예측하는 것은 어리석다고 믿는다. 그들은 일이 어떤 방향으로 계속해서 진행되어 오고 있다면 그것은 곧 정반대 방향으로 바뀔 것임을 암시한다고 믿는다.

'변화'에 대한 동서양의 이러한 관점의 차이는 세상이 얼마나 복잡한가에 대한 생각의 차이에서 비롯되며, 이 차이는 다시 전체 맥락에 주의를 기울이느냐 아니면 부분들에 주의를 기울이느냐의 차이에서 기인한다. 전체 맥락보다는 부분 부분들에 주의를 기울이면 세상은 자연히 단순한 곳으로 지각되고, 따라서 큰 변화를 예측하지 않게 된다. 그리고 설사 변화가 일어난다고 해도, 그 변화가 현재의 방향과 다른 방향으로 이루어질 것이라고 추측할 하등의 이유가 없는 것이다.

그러나 고대 중국의 철학자들처럼 전체 맥락에 주의를 기울이고 어떤 일의 발생 배후에 수많은 변인들이 복잡하게 얽혀 있다고 믿는다면, 변화는 자연스러운 것으로 지각될 것이다. 어떤 변인 때문에 변화의 속도나 심지어는 변화의 방향까지도 바뀔 수 있다. 그 좋은 예가 도교의 순환론적 세계관이다.

변화에 대한 중국인과 미국인의 관점을 연구하기 위해 나는 심리학자 지리준, 베이징대학의 수엔지 교수와 함께 미시간대학생들과 베이징대학생들을 대상으로 실험을 수행했다. 이들에게 '루시아와 제프는 대학 4학년이고 현재 서로 연애 중이다. 졸업 후에 둘이 헤어질 가능성은 얼마나 될까?'와 같이 어떤 일이 급격하게 변할 가능성을 묻는 질문들 4개를 던졌다. 실험 참여자들의 응답을 분석한 결과, 베이징대학생들의 '변화 가능성' 평균은 50% 정도였지만, 미시간대학생들의 평균은 30%에 지나지 않았다.

후속 실험으로 우리는 12개의 그래프를 참가자들에게 제시했

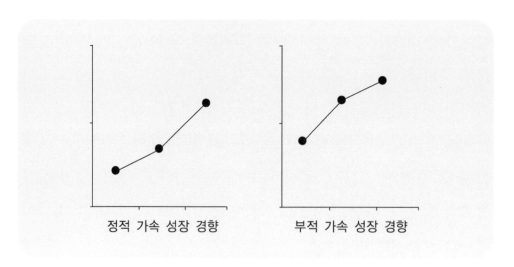

정적 가속 경향과 부적 가속 경향의 예

다. 각 그래프는 어떤 현상의 변화 과정을 보여주는 것으로서, 참가자들의 과제는 앞으로의 변화를 예상하는 것이었다. 예를 들어, 세계경제성장률(GDP)이 95년에 3.2%, 97년에 2.8%, 99년에 2.0%이었는데, 2001년에는 '증가'할 것인지 '감소'할 것인지, 아니면 '현상 유지'될 것인지를 물어보았다.

각 현상의 변화 '경향'은 어떤 경우는 증가였고 다른 경우는 감소였다. 변화 '정도'에 있어서는 어떤 경우는 변화가 갈수록 심해지는 것이었고 다른 경우는 변화의 정도가 점차 약화되는 것이었다. 여기에 삽입된 그림에서 왼쪽 그래프는 변화의 정도가 점차 심해지는 '정적 증가'의 경우이고, 오른쪽 그래프는 변화의 정도가 약화되고 있는 '부적 증가'의 경우이다. 우리의 예상은, 변화의 정도가 심한 경우에 중국인들은 변화가 약화되거나 심지어는 변화의 방향이 바뀔 것이라고 판단하고, 미국인들은 앞으로도 그 방향으로 계속 변화가 진행될 것으로 판단하리라는 것이었다. 따라서 '부적 증가'보다 '정적 증가'의 경우에서 문화적 차이가 더 심하게 나타날 것이라고 예상하였다.

우리가 제시한 12개의 그래프 모두에서 우리의 예상과 일치하는 결과가 나왔다. 어떤 현상이 증가하는 추이에 있으면 중국인들보다는 미국인들이 앞으로도 계속 증가하리라 예측했고, 감소하는 경우 역시 중국인들보다는 미국인들이 계속 감소하리라고 강하게 믿는 모습을 보였다. 또한, 이러한 차이는 변화의 정도가 심한 경우에 더 강하게 나타났다.

이 실험의 변형으로 우리는 앞의 그래프에서처럼 세 시점의 자료를 제시하고 이후 여러 시점에서 예상되는 값을 그래프에 직접 점을 찍어보게 하였다. 그 결과, 미국인들은 현재까지의 변화가 미래에도 계속 진행되는 방향으로 그래프를 그리는 경향이 강한 반면, 중국인들은 대개 현재까지의 변화가 약화되고 반대 방향으로 바뀔 것이라고 예상했다. 이러한 차이는 부적 증가 유형에서보다 정적 증가 유형에서 더 강하게 나타났다.

서양의 직선적인(linear) 관점과 동양의 순환적인(circular) 관점은 장시간에 걸쳐 발생하는 변화에도 그대로 적용된다. 토머스 모어(Thomas More)는 자신의 논문(1516년)에서 완벽한 정부를 논하면서 '유토피아'라는 말을 만들어냈는데, 이 말의 어원인 그리스어는 '아무 곳에도 존재하지 않는'이라는 의미와 함께 '살기 좋은 곳'

이라는 의미를 동시에 포함하고 있다. 물론 서양의 지성사에서 모어의 유토피아라는 개념이 전혀 새로운 것은 아니다. 플라톤의 공화국(Republic), 청교도주의, 셰이커 공동체, 모르몬주의, 미국과 프랑스의 혁명 등도 이와 같은 맥락에서 이해될 수 있다. 성경에 등장하는 에덴동산과 새로운 예루살렘의 약속과 같은 경우만 제외하면, 위에 나열된 서양의 유토피아 개념에는 유교 사상이나 고대 중국의 사상에서는 찾아볼 수 없는 다음과 같은 독특한 특징이 있다.

- 유토피아를 향한 직선적 진보가 가정되어 있다.
- 일단 도달하면 그 상태는 영원히 지속된다.
- 운명이나 초인간적인 개입이 아닌 인간의 노력으로 유토피아에 이를 수 있다.
- 유토피아에서는 모두가 평등하다.
- 그리고 유토피아는 인간 본성에 대한 몇 가지 극단적인 가정에 기초해 있다.

이러한 다섯 가지 특징은 동양인의 미래에 대한 생각과는 여러 면에서 반대된다. 동양인들은 진보보다는 '회귀'를 추구하고, 극단적인 것들 사이의 '중용'을 추구한다. 그리고 동양의 유토피아는 '과거'에 존재하며, 인간의 소망은 '현재 상태에서 과거의 완전한 상태로 회귀하는 것'이다.

이런 면에서 고대 유대인들의 문화는 그리스보다는 중국의 문화와 비슷한 점이 많다. 유대인의 에덴동산도 '과거'에 존재하는 것이고, 그들 역시 과거로의 회복을 추구했다. 자연 세계의 변화에 있어서도 유대인들은 중국인들과 유사한 음양론적 관점을 가지고 있었다. 기원전 8세기경, 유대의 예언자들은 모든 일들이 유대인에게 이롭게 진행되고 있을 때 자신들의 땅을 팔아치웠다. 왜냐하면 일이 잘 되어간다는 것은 이제 곧 나쁜 일이 일어날 징조였기 때문이다.

변화를 바라보는 시각에서 나타나는 동양과 서양의 차이는 인생의 변화 과정에 대한 생각에서도 발견되었다. 나는 지리준, 수엔지와 함께 중국의 베이징대학생들과 미시간대학생들에게 자신의 행복의 과정을 예상해보게 했다. 우리는 총 18개의 변화 유형을 제시하고 그중 하나를 고르게 했다. 그중 6개는 일관되게 증가하거나 감소하는 매우 직선적인 유형이고, 나머지 12개는 비직선적 유형이었는데, 여기에는 변화가 정반대로 바뀌는 경우나 변화가 중지되는 경우들이 포함되어 있었다. 예상대로, 절반 가량의 미시간대학생들은 6개의 직선적 유형 중 하나를 선택했지만, 중국 대학생들 중 3분의 1도 채 안 되는 사람들이 그 유형을 선택했다.

지금까지의 연구를 종합해보면 다음과 같은 결론을 내릴 수 있다. 현대의 동양인들은 고대의 동양인들처럼 세상을 종합적으로 이해한다. 그들은 전체 맥락에 많은 주의를 기울이고 사건들 사이의 관계성을 파악하는 데 익숙하며, 세상이 복잡하고 매우 가변적인 곳이라 믿는다. 또한 세상의 구성 요소들은 서로 얽혀 있고, 세상사는 양극단 사이에서 순환을 반복하는 형태로 진행되며 그러한 사건들을 통제하기 위해서는 다른 사람과의 협동과 조정이 꼭 필요하다고 믿는다.

이와는 반대로, 현대의 서양인들은 고대의 그리스인들처럼 세상을 보다 분석적이고 원자론적인 시각으로 바라본다. 사물을 주변 환경과 떨어진 독립적이고 개별적인 것으로 이해하고, 변화가 일어난다면 한 방향으로 일정하게 진행될 것이라고 믿는다. 그리고 개인이 그러한 일들을 통제할 수 있다고 믿는다.

어떤 의미에서 동양인과 서양인은 '서로 다른 세상'을 살고 있는 것처럼 보인다. 동양인들은 작은 부분보다는 큰 그림을 보기 때문에 사물과 전체 맥락을 연결시켜 지각하는 경향이 있고, 따라서 전체 맥락에서 특정 부분을 떼어내어 독립적으로 바라보는 것에 낯설어한다. 그러나 서양인들은 사물에 초점을 두고 주변 맥락은 무시하는 경향이 있기 때문에, 사건과 사건 사이의 관계에 대해 상대적으로 덜 민감한 편이다. 만일 그렇다면, 사건의 원인을 설명하는 과정 역시 크게 다를 것이다. 동양인들은 수없이 많은 변인들 간의 복잡한 상호 작용을 원인으로 보지만, 서양인들은 사물 자체의 속성으로만 설명하려 든다. 4장에서는 바로 이러한 인과론에서의 차이를 다룰 것이다.

4

동양의 상황론과 서양의 본성론

동일한 살인 사건에 대해 미국 신문들은
범인의 인격적인 결함을 부각시키는 보도를
한 반면, 중국 신문들은 범인이 처했던
상황에 초점을 맞추었다.

다음은 미국에서 발생한 한 끔찍한
살인 사건의 전모이다. 1991년, 미국 아이오와대학 물리학과 박사 과
정에 있던 중국인 학생 루강은 우수 논문 경연 대회에서 입상하지 못
했다. 그는 즉각 이의를 제기했으나 받아들여지지 않았다. 후에 그는
교수직을 얻는 데도 실패했다. 그 해 10월 31일, 그는 학과 건물에 들
어가서 자신의 지도 교수를 총으로 쏘고 근처에 있던 다른 학생들과
시민들에게 총을 난사한 후, 결국 자살하고 말았다.

당시 미국 미시간대학의 대학원생이었던 마이클 모리스(Michael Morris)(현재는 컬럼비아대학 경영대 교수)는 미시간대학 신문이 루강의 개인적인 특성에만 지나치게 초점을 맞추고 있음에 주목했다. 그 신문은 루강의 심리적 약점들('성격이 매우 안 좋았다', '본성이 사악했다')이나 개인적인 태도('그는 원한을 해결하는 데 총이 제격이라고 믿었다'), 그리고 심리적 문제들('성공과 파괴에 몰두한 어두운 성격', '남이 자신에게 도전하는 것을 견디지 못하는 성향')과 같은 지극히 개인적인 면만을 부각시키고 있었다.

모리스는 동료 대학원생인 중국 출신의 펑카이핑(현재 버클리대학 심리학과 교수)에게 중국 신문에서는 그 사건을 어떻게 다루었는지 물어보았다. 펑카이핑의 말에 따르면 중국 신문의 논조는 미국 신문의 논조와는 판이하게 달랐다. 중국 신문은 주로 루강의 생활 환경에 초점을 맞추어, 루강의 인간 관계('지도 교수와의 불화', '학교 내에서의 치열한 경쟁', '중국인 커뮤니티와의 단절된 생활')나 중국 사회의 학력에 대한 압박, 그리고 미국 사회의 문제점('총기 구입이 쉬운 점') 등을 그 사건의 원인으로 분석했다.

모리스와 펑카이핑은 이 차이를 보다 체계적으로 규명하기 위해 그 사건을 다룬 미국 신문『뉴욕 타임스 New York Times』와 중국 신문『월드 저널 World Journal』의 기사 내용을 분석했다. 그 결과 두 신문은 그 사건을 설명하는 데 있어 현저한 시각 차이를 보였다. 과연 이 차이가 단순한 민족주의 때문이었을까? 다시 말해 가해자가 중국인이었기 때문에 미국 신문에서는 가해자를 비난하고, 중국 신문에서는 상황을 비난했던 것일까?

이 의문을 해결할 수 있는 기회가 찾아왔다. 미국 미시간 주에서 루강 사건과 유사한 살인 사건이 또 한 번 발생했는데, 이번에는 가해자가 미국인이었다. 따라서 이 사건에 대한 두 신문의 기사를 비교해보면, 루강 사건에서의 논조의 차이가 진정한 문화 차이인지 아니면 민족주의 때문인지를 확인할 수 있을 터였다. 미국 미시간 주의 오크밸리라는 도시에서 우편배달부로 일하던 토머스 매킬베인은 직장에서 해고를 당하자 항의했으나 받아들여지지 않았고 결국 일자리를 잃고 말았다. 그 해 11월 14일에 그는 자신이 일하던 우체국에 들어가서 자신의 상사와 동료, 그리고 고객들을 향해 총을 난사하고는 스스로 목숨을 끊었다.

모리스와 펑카이핑은 『뉴욕 타임스』와 『월드 저널』이 매킬베인 사건을 어떻게 설명하고 있는지 동일한 방법으로 분석했다. 그 결과 그들은 루강 사건에서의 논조 차이가 이번에도 그대로 재현되는 것을 발견했다. 미국의 신문 기자들은 예외 없이 매킬베인의 내적인 특성에 초점을 맞추고 있었다('폭력을 사용할 것이라고 계속 위협했다', '급한 성격이었다', '무술에 지나치게 빠져 있었다', '정신적으로 불안정했다'). 그러나 중국의 기자들은 매킬베인에게 영향을 주었을 법한 상황적 요인들을 중점적으로 분석했다('그는 최근에 해고당했다', '상사가 적대적이었다', '최근에 텍사스에서 발생한 살인 사건의 영향을 받았을 것이다').

모리스와 펑카이핑은 연구를 더 확장하여 이 두 사건의 요약문을 미국 대학생들과 중국 대학생들에게 제시했다. 그리고 신문 기사에서 제기되었던 각 가해자의 개인적인 요인과 상황적인 요인을 정리하여 제시하고, 각각의 요인들이 '그 사건의 원인으로서 어느 정도의 비중을 차지하고 있는지'를 평가하게 하였다. 그 결과, 미국 대학생들은 살인자의 개인적 속성에 중요성을 더 많이 부여한 반면, 중국 학생들은 상황적 변수를 더 중요시했다. 모리스와 펑카이핑이 사후 가정적(counterfactual) 질문을 던졌을 때 더욱 놀라운 결과가 나타났다. 그들은 여러 가지 상황 요인들을 제시하고 '이 요인들이 달랐더라면 살인 사건이 발생하지 않았을까, 아니면 그래도 발생했을까'를 물었다.

예를 들어, '루강이 직장을 잡았더라면' 혹은 '그 도시에 매킬베인의 친구나 친척이 많았더라면' 어땠을까? 그 결과, 중국 학생들은 상황이 달랐더라면 살인이 발생하지 않았을 것이라는 반응을 보인 반면에, 미국 학생들은 살인 사건의 원인이 오랜 시간에 걸쳐 형성된 그 사람의 내부적 특성 때문인 만큼 상황이 달랐어도 동일한 사건이 일어났을 것이라는 반응을 보였다!

인과적 설명에서의 동서양 차이

행동의 원인을 설명하는 귀인 과정에서 나타나는 동서양의 차이를 규명하려는 연구가 매우 활발하게 진행되어왔는데, 그 최초의 연구는 사회심리학자인 조앤 밀러(Joan Miller)에 의해 수행되었다. 그녀는 인도인들과 미국인들의 귀인 방식을 비교하기 위해 양국의 성인들에게 자신이 잘 알고 지내는 사람이 최근에 저지른 '나쁜' 행동과 '좋은' 행동을 한 가지씩 적게 하고, 왜 그가 그런 일을 했는지 설명하게 했다. 그 결과, 미국인들은 성격적 특질이나 여타의 내부적 속성을 통해 그 사람의 행동을 설명하였다. 예를 들어, '샐리는 남을 잘 배려하고, 활발하고, 친절한 사람이기 때문이다'와 같은 식이다. 실제로 미국인은 인도인에 비해 이와 같은 '성격에 의거한 설명'을 2배나 더 많이 시도했다. 그러나 인도인들은 미국인에 비해 '상황 요인에 의한 설명'을 2배나 더 많이 시도했다. 예를 들어 '그때는 매우 어두웠고, 그 사람 외에는 아무도 도와줄 사람이 없었기 때문이다'와 같은 상황 위주의 설명을 많이 시도했던 것이다.

이 연구는 이러한 귀인의 문화적 차이가 사회화 과정을 거쳐 점진적으로 나타난다는 사실 또한 증명해 보였다. 밀러가 수집한 자료에 따르면, 어린아이들 사이에서는 문화에 따른 귀인의 차이가 나타나지 않았으나 사춘기를 지나면서부터 차이가 커지기 시작했다. 이 연구에서 그녀는 전통적인 힌두 인도인과 서양의 문화에 많이 동화된 앵글로 인도인에게서 자료를 수집했는데, 앵글로 인도인은 전통적 힌두 인도인과 미국인의 중간에 해당하는 반응 패턴을 보였다. 이는 '문화적 사회화'의 힘이 얼마나 중요한가를 분명하게 보여주는 결과이다.

월요일 아침에 직장인들이 삼삼오오 모여 앉아 나누는 이야기들 중에 가장 흥미로운 화제거리는 주말에 있었던 스포츠 게임일 것이다. 운동 경기의 승패를 설명하는 방식에서도 미국인과 동양인은 상당한 차이를 보인다. 조직심리학자인 피오나 리(Fiona Lee)와 연구팀은 축구 경기 결과에 대한 감독과 선수들의 설명 방식을 미국과 홍콩에서 조사했다. 그 결과, 미국의 감독과 선수들은 주로 개별 선수들의 능력으로 경기 결과를 설명했다. 예를 들어, '심슨은 11골을 기록하여 팀 내에서 선두지만, 그가 성공을 거둔 이유는 사실 그의 수비 능력에 있다', '우리 팀에는 작년 결승전 MVP인 뛰어난 골키퍼 스미스가 있기 때문이다'와 같은 식이다. 그러나 홍콩의 감독과 선수들은 주로 상대팀이나 당시의 상황들을 근거로 경기 결과를 설명하는 경향을 보였다. 예를 들어, '전반전을 마칠 때 우리가 한 골 앞섰던 것이 운이 좋았어. 아마도 상대팀이 중국에서 있었던 16강전 때문에 많이 지쳐 있었던 것 같아'와 같은 상황 위주의 설명을 주로 했던 것이다.

동양인과 서양인 간의 이러한 설명 방식의 차이는 인간의 행동 영역에만 국한되지 않는다. 모리스와 펑카이핑은 비디오 화면으로 물고기들의 행동을 보여주고 그 행동의 원인을 설명하게 했다. 그 결과, 미국인들은 물고기의 행동을 물고기의 속성으로 설명했지만 중국인들은 상황 요인으로 설명했다.

동물의 행동보다 더 기본적인 물리적 현상에 대한 설명에 있어서도 동양과 서양의 설명 방식은 서로 다르다. 펑카이핑과 그 연구

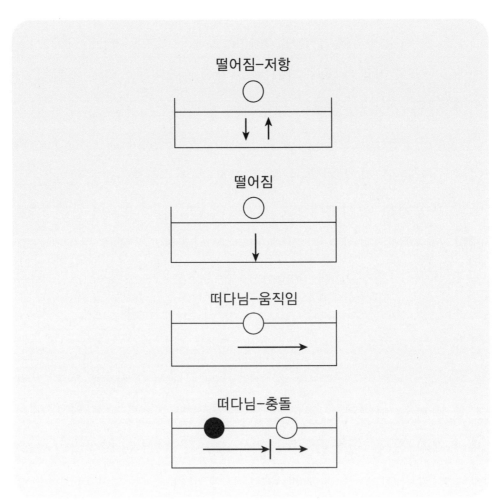

떨어짐-저항

떨어짐

떠다님-움직임

떠다님-충돌

컴퓨터 화면의 물체의 움직임

팀은 미국과 중국의 여성들에게 컴퓨터 화면으로 위의 그림들을 보여주었다. 이 그림들은 연속적인 장면으로 보면 어떤 사물의 움직임처럼 보이게 되어 있었다. 예를 들어, 맨 위의 그림은 '가벼운 물체(공)가 물 위에 떨어져서 뜨는 장면'으로 보이고, 그 아래 그림은 '아주 무거운 물체가 물에 떨어져서 가라앉는 것'으로 보인다. 이런 그림들을 보여준 뒤 각 물체의 움직임이 그 물체의 내부적 속성에 의해 어느 정도 영향을 받았다고 생각하는지 물어보았다. 그 결과, 중국 여성들에 비해 미국 여성들이 '물체의 내부 속성에 의한 운동으로 설명하는 경향'을 더 강하게 보였다.

홍콩은 비교문화적 관점에서 볼 때 매우 흥미로운 곳이다. 100년이 넘는 세월 동안 영국의 통치를 받으면서 홍콩의 어린이들은 아주 어린 나이부터 영어를 배우며 자랐고, 따라서 홍콩 사람들은 동양인임에도 불구하고 서양의 문화적·언어적 영향을 크게 받아왔다. 결국 홍콩에는 동양과 서양의 문화적 특성이 공존하고 있다.

이런 이유로 인해 홍콩 사람들은 '동양 문화를 상징하는 이미지'를 보게 되면 동양식으로 사고하고, '서양 문화를 상징하는 이미지'를 보면 서양식으로 사고하게 된다고 한다. 사회심리학자인 홍잉이와 그의 연구팀은 앞서 소개한 바 있는 모리스와 펑카이핑의 물고기 영상 자료를 홍콩 대학생들에게 보여주었다. 이때 그 영상 자료를 보여주기 전에 어떤 대학생들에게는 미국 문화를 강하게 연상시키는 이미지(미국 의회 빌딩, 말 위에 앉아 있는 카우보이, 미키 마우스)를 보여주고, 어떤 대학생들에게는 중국 문화를 연상시키는 이미지(용, 불교 사원, 붓글씨를 쓰는 남자)를 보여주고, 마지막 집단의 대학생들에게는 중립적인 이미지들(풍경 이미지들)을 보여주었다. 그 후에, 홍잉이와 연구팀은 물고기 한 마리가 다른 물고기보다 앞서서 헤엄쳐 나가는 모습을 보여주고 그 원인을 설명하게 했다.

그 결과, 미국적 이미지를 본 홍콩 대학생들은 앞서가는 물고기 자체에 초점을 두고 뒤따르는 물고기나 전체 상황에 대해서는 거의 언급을 하지 않았다. 반면에 중국적 이미지를 본 대학생들은 주변 맥락에 의거한 설명을 상대적으로 많이 시도했다. 중립적인 이미지 자료를 본 대학생들은 두 집단의 중간에 해당하는 반응 패턴을 보였다.

홍콩 사람들만이 동양의 문화와 서양의 문화를 동시에 보유하고 있는 것은 아니다. 동양계 미국인들도 그런 집단 중의 하나이다. 사회심리학자 펑카이핑과 에릭 놀스(Erick Knowles)는 동양계 미국인들 역시 그들 안에 존재하는 '동양적인 자기 개념'을 자극시켜주면 동양적으로 행동하고, '서양적인 자기 개념'을 더 강하게 자극시켜주면 서양적으로 행동한다는 사실을 증명해 보였다.

그들은 앞서 나온 삽입 그림(114쪽 참조)과 같은 물체의 운동들을 보여주고 그 움직임이 물체의 내부적 속성(모양, 무게)에 기인한 것인지, 아니면 외부적 속성(중력, 마찰)에 기인한 것인지 판단하게 했다. 그리고 이 과제를 부과하기 전에 참가자들을 점화(priming) 시켰다. 즉, 어떤 동양계 미국인들에게는 그들이 '미국인'이라는 점을 분명하게 인식시켜준 경험들을 떠올리게 하고(서양식 자기 개념 점화), 다른 동양계 미국인들에게는 자신을 '동양인'으로 생각하게 한 경험들을 떠올리게 했다(동양식 자기 개념 점화). 그 결과, 미국인으로서의 정체성 경험을 떠올린 참가자들이 동양인으로서의 정체성 경험을 떠올린 참가자들보다 물체의 움직임을 설명할 때 내부 속성을 더 강조했다!

사회심리학자인 아라 노렌자얀(Ara Norenzayan), 최인철(역자),

그리고 나는 한국과 미국의 대학생들이 행동의 발생 원인에 대해 어떤 생각을 가지고 있는지 알아보기 위하여, 아래의 문장들을 제시하고 각 문장에 동의하는 정도를 점수로 매기게 했다.

1 사람의 행동은 거의 전적으로 그 사람의 성격에 의해 결정된다. 성격은 상황에 상관없이 그 사람이 특정한 방향대로 행동하게 만든다.

2 사람의 행동은 거의 전적으로 상황에 의해 결정된다. 행동에 미치는 상황의 힘은 성격의 힘보다도 훨씬 크다.

3 사람의 행동은 항상 성격과 상황의 상호 작용에 의해 결정된다. 따라서 성격만을 강조하거나 상황만을 강조해서는 안 된다.

실험 참가자들의 반응을 분석한 결과, 성격을 중시하는 1에 대해서는 한국인이나 미국인이나 동일한 정도로 동의했으나, 상황을 강조하는 2와 성격과 상황의 상호 작용을 중시하는 3에 대해서는 한국인이 미국인보다 훨씬 더 강하게 동의하는 경향을 보였다.

우리는 또한 '성격의 변화 가능성'에 대한 여러 가지 질문들을 던졌다. 예를 들어, '어떤 사람의 성격은 고유한 영역으로 살아가는 동안 크게 바뀌지 않는다'라는 말에 얼마나 동의하는지 물어보았다. 그 결과, 한국인들은 성격이 바뀔 수도 있다는 반응을 보인 반면 미국인들은 성격이 바뀌지 않는다는 반응을 상대적으로 더 많이 보였다. 성격의 변화 가능성에 대한 이러한 견해의 차이는 우주관에 대한 동양과 서양의 차이에 비추어보면 당연한 일이다.

그렇다고 해서 동양인들이 인간의 성격에 관해 서양인들과 근본적으로 다른 생각을 가지고 있다거나, 사람들 간에 차이가 거의 없다고 믿는 것은 아니다. 동양인이건 서양인이건 사람들이 공통적으로 생각하는 성격의 개념은 분명히 존재한다. 나는 1982년에 중국을 처음 방문했는데, 그때의 중국 사회는 여전히 덜 개방적이었고 서양과는 아주 다른 모습이었다. 그런데 중국에서 생활한 지 3주 정도가 지났을 때 나는 중국인 교수와 함께 다른 중국인들에 관해 이런 저런 얘기를 함께 나눌 수 있었다. "풍은 성품이 좋아", "찬은 거만해", "린은 내성적이야"……. 성격에 대하여 동일한 생각을 가지고 있기 때문에 가능한 일이었다.

실제로 심리학 연구에 따르면, 동양인들과 서양인들의 성격 이론은 매우 유사하다. 성격심리학자들이 '빅 파이브(Big Five)'라고 부르는 성격 특질들이 중국, 한국, 일본을 포함한 동양에도 존재한다는 증거가 많이 발견되었다. '빅 파이브'란, 사람들의 성격을 기술할 때 주로 사용하는 가장 기본적인 성격 특질군으로서 외향성, 신경증 성향, 개방성, 우호성, 성실성을 지칭한다. 또한 동양에서 자체 개발한 성격 검사 연구에서도 서양인에게서 발견되는 빅 파이브 특질들이 발견되었다.

기본적 귀인 오류에서의 동서양 차이

사람의 성격을 기술하는 특질의 차원에서는 큰 차이가 없으면서도 사람의 행동을 설명할 때 서양인이 동양인보다 성격 특질을 훨씬 더 중요하게 생각하는 이유는 무엇일까? 그것은 아마도 동양인이 사람의 행동에 영향을 미치는 상황의 힘을 훨씬 더 중요하게 생각하기 때문일 것이다. 그리고 바로 그런 차이 때문에 동양인들은 사회심리학자인 리 로스(Lee Ross)가 제안한 개념인 '기본적 귀인 오류(Fundamental attribution error)'를 덜 범하게 된다.

기본적 귀인 오류라는 개념의 이해를 위해 다음과 같은 상황을 한번 상상해보자. 어떤 대학생이 '자기 대학에 거액을 기부하려는 사람에게 학교 구경을 시켜주는 아르바이트'를 제안받았다고 가정해보자. 그런데 아르바이트의 보수가 최소한의 하루 일당보다도 적은 금액이라 그 일을 거부했다. 만일 학교에서 헌혈 행사를 실시한다면 과연 그 학생이 헌혈에 참여할 것이라 기대할 수 있겠는가? 아마도 참여하지 않을 것이라고 생각할 것이다.

이제 반대로 기부자에게 학교 구경시키는 같은 일에 하루 일당의 1.5배라는 괜찮은 보수를 제안받은 다른 학생이 그 일을 맡기로 결정했다고 가정해보자. 그럼 이 학생은 헌혈에 참여할 것이라고 생각하는가? 아마도 앞의 학생보다는 참여 확률이 높을 것이라고 생각할 것이다. 만일 정말 이렇게 생각한다면 당신은 기본적 귀인 오류를 범하고 있는 것이다. 기본적 귀인 오류란, 행동을 유도

한 '상황의 힘'을 무시하고 행동의 주원인을 '성격'으로 파악하는 경향을 말한다.

행동의 원인을 설명할 때 상황은 무시하고 성격을 필요 이상으로 강조하는 이 오류는 일상 생활에서 매우 빈번하게 그리고 광범위한 영역에서 일어난다. 예를 들어, 중요한 면접에서 긴장하는 후보자를 보고 천성적으로 걱정 많은 사람으로 결론짓거나, 아무도 아는 사람이 없는 모임에서 조용히 있는 사람을 천성적으로 수줍음이 많은 사람으로 판단하거나, 자기가 잘 알고 있는 주제에 대하여 잘 아는 사람들 앞에서 능숙하게 강연하는 사람을 원래 뛰어난 연설가로 성급하게 결론 내리는 일 등이 그러한 오류의 예들이다.

저명한 사회심리학자인 에드워드 존스(Edward Jones)와 그의 동료들이 기본적 귀인 오류를 증명하는 최초의 실험을 수행했다. 1967년에 발표된 연구에서, 그들은 대학생들에게 다른 학생(그를 편의상 '표적'이라고 부르자)이 쓴 에세이나 연설 내용을 읽게 했다. 그리고 '표적 학생은 특정 주제에 대하여 특정 방향의 의견을 쓰도록 명령받았다(예를 들어, '표적 학생은 자신의 정치학 시간에, 쿠바의 카스트로를 찬양하는 에세이를 쓰도록 명령받았다')'라는 정보를 제공했다. 실험 참가자들이 해야 할 일은 그 에세이를 읽고 '표적 학생의 카스트로에 대한 실제 태도'를 추론하는 것이었다.

분명 표적 학생은 카스트로를 찬양하는 글을 쓰도록 명령받았으므로 단지 그의 글만 읽고는 카스트로에 대한 그의 진짜 태도를 추론할 수는 없다. 왜냐하면 그 글은 상황의 압력으로 씌어졌기 때문이다. 그러나 실험 참가자들은 상황 정보를 무시한 채 그 '표적 학생이 실제로 카스트로를 지지할 것'이라고 추론했다.

이 오류는 매우 강력한 현상으로서 동양인들이라고 무조건 그것을 피할 수는 없다. 이와 같은 실험에 참여한 중국인, 일본인, 한국인 모두 기본적 귀인 오류를 범하는 것으로 밝혀졌다. 그러나 오류를 범하는 정도에 있어서는 서양인과 현격한 차이를 보였다. 예를 들어, 실험 참가자로 하여금 '표적 인물이 처했던 상황적 압력'을 스스로 경험해보게 하면, 서양인들은 여전히 오류를 범했지만 동양인들은 그렇지 않았다.

이 결론은 최인철과 나의 실험에서 분명하게 입증되었다. 우리는 어떤 실험 참가자들에게는 사형 제도에 찬성하는 글을 쓰게 하고, 다른 참가자들에게는 사형 제도에 반대하는 글을 쓰게 했다. 그리고 그 글을 쓸 때 참고하라며, '왜 사형 제도를 유지해야 하는가' 혹은 '왜 폐지해야 되는가'에 대한 주장을 각각 4가지씩 제시했다. 참가자들은 거의 예외 없이 주어진 주장들을 이용하여 글을 작성했다. 에세이 작성을 끝낸 후, 피험자들에게 이전에 이 실험에 참여했던 다른 학생의 글이라며 어떤 학생의 글을 제시하고, 그 글을 쓴 학생의 사형 제도에 대한 실제 태도를 추론해보게 했다.

물론 '그 글을 쓴 학생도 실험자의 지시대로 글을 썼다'라는 정보를 미리 알려주었다. 그 학생이 쓴 글에는 실험자가 제시했던 4개의 주장이 그대로 반영되어 있었다. 따라서 실험 참가자들이 '그 글을 쓴 학생은 사형 제도에 대한 자신의 진짜 태도를 반영하기보다는 실험자의 요구대로 글을 썼다'라는 사실을 분명하게 알 수 있는 상황이었다. 실험 결과, 이런 상황에서 한국 대학생들은 기본적 귀인 오류를 범하지 않았지만, 미국 대학생들은 여전히 오류를 범하는 경향을 나타냈다.

상황의 힘을 분명하게 해주면 서양인에 비해 동양인이 내부 귀인을 덜 한다는 증거는 다른 연구에서도 발견되었다. 아라 노렌자얀, 최인철, 그리고 나는 실험 참가자들에게 다음과 같은 시나리오를 읽게 했다.

당신은 이웃에 사는 짐을 오늘 처음 만났다. 둘이서 대화를 나누고 있는데 옷을 잘 차려입은 신사가 짐에게 다가와서, 자신의 차가 갑자기 고장을 일으켜 카 센터에 전화를 걸어야 한다며 대단히 미안하지만 동전을 빌려달라고 부탁했다. 짐은 주머니를 뒤져서 신사에게 동전을 건네주었다. 또 다른 어느 날, 짐이 버스를 타려고 걸어가고 있는데 한 소년이 다가와서 지갑을 집에 놓고 왔다며 버스비를 빌려달라고 아주 정중하게 부탁했다.

한 조건에서는 시나리오의 말미에 '짐이 보니 주머니에 돈이 충분히 있었다'라는 문장이 추가되었고, 다른 조건에서는 '짐이 살펴보니 주머니에 자신의 버스비밖에 없었다'라는 문장이 추가되었다. 실험 참가자들에게 주어진 과제는 각 조건에서 '짐이 그 소년에게 돈을 줄 확률'을 추정하는 것이었다. 그 결과, 한국인들은 짐

이 '돈이 부족한 경우보다 충분한 경우에 도와줄 확률이 더 높다'
라는 판단을 미국인에 비해 더 많이 했다.

즉, 한국인들은 돈이 충분한가 그렇지 않은가 하는 상황적인 정
보에 더 민감했고, 미국인들은 상황과 상관없이 짐이 친절한 사람
인지의 여부만 중시했다. 실험에는 이와 같은 시나리오가 6개 사
용되었는데, 모든 경우에 한국인들이 미국인들보다 상황적인 정보
에 더 민감한 반응을 보였다. 한국인들은 미국인들보다 '행동을 유
발하는 상황'과 '행동을 억제하는 상황'의 차이를 민감하게 알아냈
던 것이다.

동양인의 인과 모델과 서양인의 인과 모델

동양인과 서양인 간의 인과적 사고의 차이는 단순히 '사물에 초점
을 두느냐, 상황에 초점을 두느냐'의 문제에만 국한되지 않는다.
서양인들은 동양인들보다 인과적 설명을 더 많이 하는 것 같다. 역
사학자 마사코 와타나베는 미국과 일본의 초등학생, 대학생, 그리
고 교사들이 역사적 사건을 어떻게 설명하는가에 대한 연구에서
그 점을 명쾌하게 밝혀냈다.

일본의 교사들은 역사적 사건을 설명할 때 전체적 맥락을 자세
히 기술하는 것으로 시작한다. 그런 다음 중요 사건들을 연대기 순
으로 나열하고, 각 사건을 선행 사건들과 관련시킨다. 교사는 학생

들에게 자신의 현재 상황과 역사적 인물이 처했던 상황을 관련시켜 생각하게 하고, 그 과정에서 역사적 인물이 느꼈던 심리적·정서적 경험들을 느껴보도록 유도한다. 그리고 그러한 정서를 바탕으로 역사적 행위들을 설명하도록 가르친다. 학생들에게 역사적 인물과의 정서적 교감을 역사적 사고라고 강조하고 심지어 일본의 적이었던 사람의 행동조차도 같은 방법으로 이해하기를 권장한다. 일본의 교실에서는 '왜(why)'라는 질문보다는 '어떻게(how)'라는 질문이 미국의 교실에 비해 2배 정도 많이 오간다.

이와는 대조적으로, 미국의 교사들은 사건의 맥락을 기술하기보다는 단도직입적으로 사건의 결과를 설명하기 시작하며 선행 사건이나 촉발 요인은 덜 다룬다. 연대기 순으로 사건을 나열하는 일도 거의 하지 않고 중요한 인과적 요인들을 바로 제시한다(예를 들어, '오토만 제국은 다음과 같은 3가지 이유 때문에 멸망했다'). 학생들에게는 사건의 인과적 설명에 부합하는 증거들을 찾아내는 것이 훌륭한 역사적 사고라고 강조한다. '어떻게(how)'라는 질문보다는 '왜(why)'라는 질문이 일본 교실에 비해 2배 정도 더 많이 오간다.

와타나베는 미국인의 이러한 역사 분석을 '후행적(backward)'이라고 규정했다. 왜냐하면, 사건들이 '결과→원인'의 순서로 제시되기 때문이다. 와타나베는 이러한 분석이 서양인의 목표 지향적 사고와 유사하다는 점을 지적했다. 목표 지향적 사고에서는 달성하고자 하는 목표를 설정하고 그 목표를 이루기 위해 필요한 모델을 나중에 설정하기 때문이다. 와타나베의 이러한 지적은 자연 현상에 대한 인과적 모델을 구성한 것이 왜 중국인이 아니라 그리스인이었는지를 설명해준다. 이러한 차이는 영어를 제1외국어로 가르치는 미국인 교사의 이야기에서 잘 드러난다. "미국 교사로서 일본 학생들의 에세이를 이해하는 것은 쉽지 않다. 왜냐하면, 그들의 글 속에는 어떤 인과 관계도 들어 있지 않기 때문이다…… 미국에서는 원인과 결과에 대한 분석이 가장 초보적인 논리이다."

서양인들은 동양인들에 비해 세상을 '덜 복잡한 곳'으로 파악하기 때문에 적은 수의 요인들만으로도 세상을 이해할 수 있다고 믿는다. 최인철과 그 연구팀은 미국과 한국의 대학생들에게 어떤 살인 사건을 간단히 요약하여 기술하고, 총 100여 개에 달하는 요인들을 제시해준 다음 각 요인이 그 살인 사건과 관련이 있는지 없는지 선택하게 했다. 그 결과, 한국 대학생들은 약 37%의 요인들만을 그 사건과 관계없는 요인으로 판단했으나, 미국 대학생들은 55%에 이르는 요인들이 그 사건과 관계없다고 판단했다. 동양계 미국인 참가자들은 한국인과 미국인의 중간 정도에 해당하는 반응을 보였다.

최인철과 연구팀은 '어떤 요인이 어떤 사건과 관계없다고 판단 내리기를 꺼리는 경향', 다시 말해 '무수히 많은 요인들이 어떤 사건에 관련되어 있다고 믿는 경향'이 종합주의적 사고와 관련이 있음을 발견했다. 연구팀은 다음과 같은 문항들로 구성된 척도를 개발하여 종합적인 사고 방식을 측정했다.

- 우주의 만물은 어떻게든 서로 연결되어 있다.
- 전체를 고려하지 않고 부분을 이해하는 것은 불가능하다.

그 결과, 이런 문항들에 동의할수록(동양인들의 특성) '어떤 요인은 어떤 사건과 관련이 없다'라고 판단하기를 꺼린다는 사실이 발견되었다.

후견지명 효과에서의 동서양의 차이

1991년의 소련 붕괴는 전문가나 일반인 모두에게 깜짝 놀랄 만한 사건이었다. 그러나 많은 역사적 사건들은 매우 놀랄 만한 일임에도 불구하고 '당연한 것', 그래서 '그리 놀랍지 않은 것'으로 간주되기도 한다. 로마 제국의 멸망이나 나치 제국의 형성, 그리고 미국이 소련보다 먼저 달에 착륙한 것과 같은 대사건들에 대해 많은 사회비평가들은 '불가피한 당연한 결과'로 해석하는 경향이 있다. 그렇다면 그 비평가들은 그 사건들을 사전에 예측하고 있었을까? 결코 아니다.

우리는 '과거'의 사건을 이해할 때, 다음의 두 가지 오류를 쉽게 범한다.

- 발생한 결과 이외의 다른 결과는 어차피 일어날 수 없었을 것이라고 믿는다.

• 발생한 결과를 미리 예측할 수 있었다고 생각한다.

사람들이 범하는 이러한 인지적 오류는 인지심리학자 바루크 피시호프(Baruch Fischhoff)에 의해 처음 증명되었다. 그는 실험을 통하여 사람들에게 '자신은 처음부터 어떤 사건의 결과를 예측할 수 있었다고 과잉 확신하는 경향'과 '그 때문에 당연히 놀라워해야 할 예외적인 사건의 결과에 대해서도 별로 놀라지 않는 경향'이 있음을 증명해냈다. 이를 후견지명 효과, 심리학 용어로는 과잉 확신 편향(hindsight bias)이라고 한다.

최인철과 나는 이러한 후견지명 효과가 문화마다 다를 수 있음을 증명하고자 실험을 실시했다. 우리는 '만일 세상에 대한 모델이 분명하지 않고 매우 많은 요인들이 서로 관련되어 있다고 막연히 믿는다면, 어떤 일이 발생하고 난 후에 그 일을 설명하는 것이 쉬울 것이다'라는 가정을 세웠다. 그 어떤 일이 발생한다 해도, 수없이 많은 관련 요인들 중 일부를 사용하면 사후에 그 일을 설명하기가 매우 쉬울 것이고, 따라서 그 일을 당연한 것으로 여겨 크게 놀라지 않을 것이다. 결국 종합적 사고를 하는 사람(동양인)이 사후 과잉 확신에 더 쉽게 빠질 것이라는 예측이다.

우리는 실험 참가자들에게 어떤 신학생에 관한 시나리오를 읽도록 했다. 그 시나리오에 따르면, 그 신학생은 매우 친절하고 신앙심도 매우 깊은 사람이었다. 그런데 어느 날, 그는 설교를 하기 위해 학교 복도를 지나가다가 어떤 남자가 쓰러져서 도움을 청하는 상황에 직면했다. 하지만 약속된 설교 시간에 이미 약간 늦은 상태였다. 시나리오의 말미에는 그 남자를 도와주면 약속된 설교를 할 수 없을 것이라는 말이 덧붙여졌다.

조건 A의 참가자들에게는 신학생이 그 남자를 도왔는지의 여부를 알려주지 않은 상태에서 그 신학생이 남자를 도와줄 확률을 적게 했다. 조건 B의 참가자들에게는 신학생이 그 남자를 도왔다는 정보를 알려주고는 그 사실을 모른다는 가정 하에서 그 신학생이 남자를 도와줄 확률을 적게 했고, 조건 C의 참가자들에게는 도와주지 않았다는 정보를 주고, 그 정보를 무시한 상태에서 도울 확률을 적어보게 했다. 그 결과, 한국인과 미국인 모두 조건 A와 B에서 그 신학생이 남자를 도울 확률을 80% 정도로 높게 추정했다.

문제는 조건 C였다. 그 신학생이 도와줄 것으로 기대되는 상황이었음에도 불구하고 도와주지 않았다는 정보를 접한 조건이다. 미국인들은 여전히 80%의 높은 확률을 추정한 반면, 한국인들은 그 확률을 50% 정도로 낮추었다. 즉, 도와주지 않았다는 것을 알고 있는 상태에서 그 정보를 무시하지 못하고, '내 그럴 줄 알았지'라는 판단을 내린 것이다.

우리는 또한 조건 B와 조건 C에서 그 신학생의 행동에 얼마나 놀랐는지 물었다. 조건 C에서 미국인들은 매우 놀랐다고 답했지만, 한국인들은 별로 놀랍지 않다고 말했다. 조건 B에서는 두 집단 모두 예상한 행동이 발생했기 때문에 별로 놀랍지 않다는 반응을 보였다. 결과적으로 한국인들은 그 신학생이 남자를 도와주었거나 도와주지 않았거나 그다지 놀라지 않았던 것이다!

동양인들이 '예상하지 못했던 결과'에 대하여 별로 놀라워하지 않는다는 사실을 다시 한번 증명하기 위하여 최인철과 나는 또 다른 연구를 실시했다. 한 집단의 미국인과 한국인의 실험 참가자들에게 어떤 실험과 그 실험의 가설에 대해 알려주었다. 다른 집단에게는 그 실험의 가설과 함께 '대안 가설'도 동시에 알려주었다. 예를 들어, 한 집단에게는 '현실을 있는 그대로 보는 것이 정신 건강에 좋다'라는 현실주의 가설을 제공하고, 다른 집단에게는 현실주의 가설과 함께 그 반대되는 대안 가설, 즉 '현실을 실제보다 더 낙관적으로 보는 것이 정신 건강에 좋다'라는 낙관주의 가설을 함께 제시했다. 그리고 두 집단 모두에게 '실제 실험의 결과, 현실주의 가설이 타당한 것으로 밝혀졌다'라는 정보를 제공해주었다.

우리는 '이 실험의 결과가 얼마나 놀라운가, 즉 예상할 수 없었던 것인가'를 보고하게 했는데, 미국인들의 경우에는 '현실주의 가설만 들은 집단'에서보다 '대안 가설을 동시에 제공받은 집단'에서 더 놀랍다는 반응을 보였다. 대안 가설이 함께 제시되면 실제 일어난 결과와 반대되는 결과 역시 충분히 일어날 수 있었다는 가능성을 인식하게 되고, 그로 인해 실제 일어난 결과에 더 놀라게 되는 것이다. 그러나 한국인들의 경우에는 두 집단 모두에서 별로 놀라지 않았다!

'세상은 복잡한 곳'이라는 동양인들의 생각이 어쩌면 진실에 더 가까운 것일지도 모른다. 서양인들은 지나치게 단순한 모델을 가지고 세상을 파악하는 약점이 있지만, 반면에 동양인들은 수없이 많은 인과적 요인들 모두에 주의를 기울이다 보니 예외적인 사건이 발생해도 그리 놀라워하지 않는 문제점이 있다. 서양인들의 단순한 세계관은 적어도 과학의 영역에서는 매우 유용한 시각이다. 왜냐하면 단순한 모델은 검증이 쉽고, 따라서 개선의 가능성이 그만큼 커지기 때문이다. 아리스토텔레스의 물리학 이론은 검증을 통해 대부분이 오류임이 밝혀졌다. 그러나 아리스토텔레스의 이론은 중국의 물리학 이론들과는 달리 검증이 가능한 단순한 형태였기 때문에 이후의 검증 과정을 통하여 올바른 물리학 원리들이 확립되는 토대가 되었다.

반면 중국인들은 '거리가 멀리 떨어진 곳으로도 힘이 전달될 수 있다'라는 원리를 서양인보다 먼저 이해해놓고도 그것을 증명하지 못했다. 오히려 그것을 증명한 이들은 처음에는 그것을 믿지 않던 서양인이었다. 서양인들은 '서로 인접해 있는 물체들 사이에서만 마치 당구공들처럼 접촉에 의해 힘이 전달될 수 있다'라는 단순한 모델을 검증하는 과정에서 떨어진 물체 사이에서 작용하는 힘의 원리를 알아냈던 것이다.

서양인들이 '과학에서 거둔 성공'과 '인과적 설명에서 범하는 오류'는 같은 뿌리를 가지고 있다. 그 뿌리란 다름 아닌 '개인의 목표를 설정하고 그것을 추구하기 위해 모델을 만드는 자유', 그리고 '그 모델을 이용하여 결과로부터 원인을 추구하는 자유'이다. 그러나 그들의 모델은 사물과 그 사물의 속성에만 지나치게 편중되어 있는 탓에 맥락의 역할을 놓치고 있다. 따라서 맥락이 중시되는 상황에서 맥락을 무시함으로써 기본적 귀인 오류와 같은 오류를 범하고 인간 행동의 예측 가능성을 과대평가하는 실수를 범하게 된다.

서양인의 '단순성 추구 경향'과 동양인의 '복잡성 추구 경향'은 인과 관계에 대한 접근 방식에만 국한되지 않으며, 세상을 바라보고 조직하는 방법에도 그대로 적용된다.

The Geography of Thought :
How Asians and Westerners Think Differently...and Why

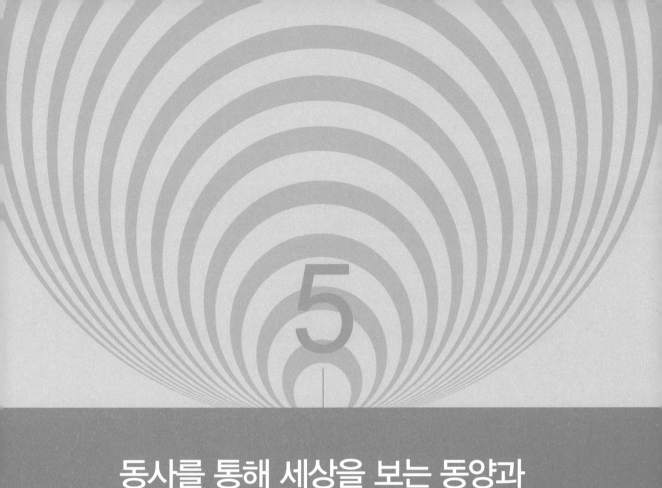

5

동사를 통해 세상을 보는 동양과
명사를 통해 세상을 보는 서양

서양의 아이들은 동사보다 명사를 더 빨리
배우지만, 동양의 아이들은 상대적으로 명사
못지않게 동사도 빨리 배운다.

아르헨티나의 작가인 호르헤 보르
헤스(Jorge L. Borges)에 의하면 고대 중국의 한 백과사전은 세상의
동물들을 이렇게 분류했다고 한다.

- 황제에 속하는 동물
- 향료로 처리하여 박제로 보존된 동물
- 사육 동물
- 젖을 빠는 돼지
- 인어
- 전설상의 동물
- 주인 없는 개
- 이 분류에 포함되는 동물
- 광폭한 동물
- 낙타 털처럼 미세한 털로 된 붓으로 그릴 수 있는 동물
- 기타
- 꽃병을 깨뜨린 동물
- 멀리서 보면 파리처럼 보이는 동물

물론 보르헤스 자신이 편의적으로 만든 분류일 수도 있지만, 분명한 것은 고대 중국인들이 세상을 분류하고 범주화한 방식이 고대 그리스인들의 방식과는 상이하게 달랐다는 점이다. 그리스인들은 공통의 속성을 지닌 것들을 같은 범주로 분류했지만, 철학자 도널드 먼로에 따르면 중국인은 그렇지 않았다. 중국인들은 서로 '공명(resonance)'을 통하여 영향을 주고받는 것들을 같은 범주에 속한 것으로 간주했다. 예를 들어, 중국의 오행설에 따르면 '봄, 동쪽, 나무, 바람, 초록'은 모두 동일한 범주에 속했다. 왜냐하면, 바람의 변화가 나머지 네 가지에 변화를 유발하기 때문이다.

기록에 의하면 고대 중국에서는 범주화라는 지적 작업 자체에 어느 정도 거부감을 가지고 있었던 듯하다. 장자는 "범주화는 지식을 제한하고 더 큰 지식을 분열시키는 짓이다"라고 적고 있다. 『도덕경』은 범주화에 의존함에 따라 나타나는 부정적인 효과를 이렇게 묘사하고 있다.

다섯 가지 색으로만 범주화하면, 우리 눈은 멀게 되고
다섯 가지 음으로만 범주화하면, 우리 귀도 멀게 되고
다섯 가지 맛으로만 범주화하면, 우리 입맛은 짧아질 것이다.

중국인들이 '동일한 속성을 공유하는 사물들만을 동일한 범주로 묶는 것'에 무관심했던 것은 그들의 세계관과 일맥상통한다. 그들에게 우주란 연속적인 물질이었기 때문에, 내적 공유 속성에만 근거하여 사물들을 개별적인 범주로 묶는 것은 그리 유용한 접근 방법이 아니었다. 이런 접근은 사물 자체가 분석 단위였던 서양인들에게나 자연스러운 것이었다. 그리스인들에게 세상은 '사물'로 구성된 집합체이기 때문에, '개체–집합'이라는 구도가 자연스럽다. 그리스인들의 이러한 접근 방식은 귀납적 추리를 유도하게 되었다. 즉, 어떤 범주에 속하는 한 개체가 특정 속성을 가지고 있음을 알게 되면, 그 범주에 속하는 다른 개체도 그 속성을 가지고 있을 것이라는 귀납적 추론을 할 수 있게 되는 것이다. 예를 들어, 어떤 포유류가 간을 가지고 있다면 포유류에 속한 다른 모든 동물들도 간을 가지고 있다고 추측해도 무방하다. 따라서 '단일 개체–다수 개체' 혹은 '개별 개체–집합'의 구도에서는 단일한 사례로부터의 귀납적 추리가 가능하지만, 중국인의 '부분–전체'라는 구도에서는 불가능하다.

범주를 중시하는 서양과 관계를 중시하는 동양

범주화에 대해서 고대 중국과 고대 그리스가 매우 다른 지적 전통에 있었음은 분명해 보인다. 그렇다면 이 시점에서 다시 던져야 할 질문은 '현대의 동양인들과 현대의 서양인들도 그러한 차이를 그대로 보유하고 있는가' 하는 것이다. 인지적 차이에 대한 역사적 증거와 그 사회적 기원에 대한 우리의 이론에 근거해 다음과 같은 가설을 세울 수 있다.

- 서양인은 동양인에 비해 사물을 범주화하려는 경향이 더 강할 것이다.
- 서양인은 규칙을 사용하여 새로운 범주를 만드는 일을 더 쉽게 배울 것이다.
- 서양인은 범주를 이용한 귀납적 추리를 더 많이 사용할 것이다.
- 동양인은 서양인에 비해 사물들 간의 관계나 유사성의 관점에서 세상을 조직할 것이다.

다음 페이지의 그림 3개를 보고 그중 2개를 하나로 묶는다면 무엇을 묶을지 생각해보라. 만일 당신이 서양인이라면 아마도 닭과 소를 묶을 것이다. 실제로 발달심리학자인 치우리앙황이 그와 같은 그림을 미국과 중국의 어린이들에게 보여주고 하나로 묶는 과제를 시켰을 때, 미국의 어린이들은 같은 분류 체계에 속하는 소와 닭을 하나로 묶는 경향을 보였다. 그러나 중국의 어린이들은 '관계'에 근거한 방식을 선호했다. 즉, 소와 풀을 하나로 묶었는데 그 이유는 '소가 풀을 먹기 때문이다'라는 관계적 이유 때문이었다.

지리준, 장지용과 나는 중국과 타이완의 대학생들과 미국의 대학생들을 비교한 연구에서 동일한 결과를 얻을 수 있었다. 우리는 그림 대신 세 가지 사물의 이름을 제시하고(예를 들어 팬더 곰, 원숭이, 바나나), 그중 서로 가장 관련되어 있는 2개를 고르게 했다. 예상한 대로, 미국의 대학생들은 동일한 분류 범주에 해당하는, 즉 '동물'이라는 범주에 속하는 팬더 곰과 원숭이를 고른 반면, 중국

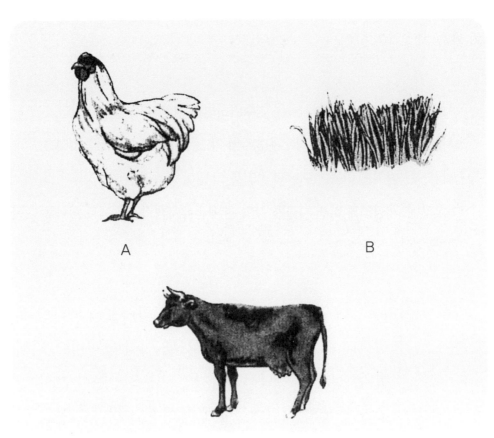

A   B

범주에 의한 분류 대 관계에 의한 분류를 측정하는 항목들의 예

과 타이완의 대학생들은 '원숭이는 바나나를 먹는다'라는 서로의 관계에 근거하여 원숭이와 바나나를 고르는 경향을 보였다.

만일 세상을 조직화하는 방법에 있어서 범주를 이용하고 각 범주를 지배하는 규칙을 사용하는 것이 자연스럽다면, 서양인들은 사물들 간의 유사성을 판단할 때 그것들이 동일한 규칙에 의해 범주화될 수 있는지의 여부에 크게 영향을 받을 것이다. 그러나 범주가 그리 중요하지 않은 동양인의 경우에는 규칙과는 무관한 '사물들 간의 표면적인 유사성'에 영향을 많이 받을 것이다. 이 가능성

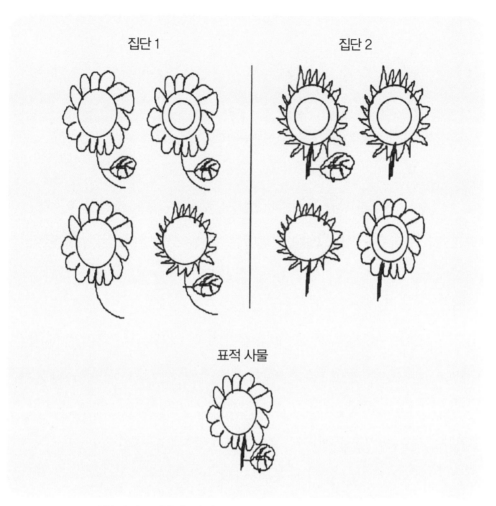

집단 1　　　　　　　　　집단 2

표적 사물

외형이나 규칙에 의거한 유사성 판단을 측정하는 그림

을 검증하기 위하여 아라 노렌자얀, 에드워드 스미스, 김범준과 나는 한국과 미국의 대학생들에게 위의 그림과 같은 그림 13개를 보여주고 표적 사물이 집단 1과 집단 2 중 어느 집단과 더 비슷한지 판단하게 했다.

　그 결과 놀랍게도 대부분의 한국 대학생들은 표적 사물이 집단 1과 더 비슷하다고 답한 반면, 대부분의 미국 대학생들은 집단 2

와 비슷하다고 답했다! 한국 학생들은 외형적인 유사성 때문에 집단 1을 택했고, 미국 학생들은 '줄기가 직선이다'라는 규칙에 의하여 집단 2를 택했던 것이다. 흥미롭게도 동양계 미국인의 판단은 한국인과 미국인의 중간쯤에 해당했다.

만일 동양인들이 '규칙'이나 '범주'를 사용하여 세상을 이해하는 것에 덜 익숙하다면 그들은 규칙을 적용하여 사물을 범주화하는 작업에 상대적으로 더 어려움을 겪을 것이다. 이 가설을 검증하기 위하여 아라 노렌자얀과 그 연구팀은 미시간대학에 재학 중인 동양인, 동양계 미국인, 미국인 학생들에게 다음 페이지의 그림들을 컬러로 제시하였다. 그리고 피험자들에게 제시된 동물이 다음 특징들 중 3가지 이상을 가지고 있으면 '금성'에 사는 (가상)동물이고 그렇지 않으면 '토성'에 사는 동물이라고 알려주었다. 그 특징들이란 '꼬리가 꼬여 있다', '발굽 형태의 발', '목이 길다', '부리 형태의 입', '안테나 귀를 가지고 있다' 등이었다. 그림 왼쪽 상단 동물은 그 규칙을 만족하기 때문에 금성 동물이 된다. 그러나 오른쪽 상단 동물은 그 규칙을 만족시키지 못하기 때문에 토성 동물이라고 할 수 있다. 이런 식으로 몇 번에 걸쳐 범주화 작업을 시켜서 과제에 익숙하게 한 다음 새로운 동물들을 제시해주고 금성 동물인지 토성 동물인지 판단하게 하였다. 이 때 관심 있게 본 것은 얼마나 정확하게 범주화하는지와, 얼마나 빨리 범주 판단을 내리는지였다.

금성   토성

정적 일치 조건
금성

부적 일치 조건
토성

규칙에 의거한 범주화 능력을 측정하는 그림

제시된 동물들에는 다음의 두 종류가 있었다. '정적 일치' 조건에서는 외관상으로도 연습 시행에서 보았던 동물과 비슷하고, 규칙을 적용하더라도 그 동물과 같은 범주에 속하는 동물들이 제시되었다. 반면 '부적 일치' 조건에서는 외관상 보기에는 연습 시행에서 본 동물과 유사하지만, 규칙을 적용하면 그 동물과는 다른 범주에 속하는 동물들이 제시되었다. 예를 들어, 정적 일치 조건인 왼쪽 하단의 동물은 겉으로 보기에도 위의 금성 동물과 유사하고 (고개를 숙이고 있다는 것만 제외하면) 규칙을 적용하여도 역시 금성 동물에 속한다. 그러나 부적 일치 조건인 오른쪽 하단의 동물은 겉으로 보기에는 위의 금성 동물과 유사하지만 규칙을 적용하면 5개의 특징 중 2개만 만족하기 때문에 토성 동물에 해당한다.

자료 분석 결과, 정적 일치 조건의 경우 동양인, 동양계 미국인, 미국인 모두 범주 판단의 속도나 정확률에 있어서 차이를 보이지 않았다. 그러나 부적 일치 조건의 경우에는 동양인들이 판단 속도에서도 느렸을 뿐 아니라 정확률에 있어서도 다른 두 집단보다 2배나 더 많은 오류를 범했다. 부적 일치 조건의 경우에 규칙을 적용해야 정확한 판단을 내릴 수 있고 표면적 유사성을 적용하면 틀린 판단을 내리게 됨을 감안하면, 이 결과는 동양인들이 규칙을 적용하여 범주화하는 것에 익숙하지 않음을 보여준다고 할 수 있다.

이제 다음의 두 주장들 중 어느 것이 더 설득력이 있어 보이는가? 그 이유는 무엇인가?

1 사자는 피 속에 효소 Q를 함유하고 있다

호랑이는 피 속에 효소 Q를 함유하고 있다

─────────────────────

토끼는 피 속에 효소 Q를 함유하고 있다

2 사자는 피 속에 효소 Q를 함유하고 있다

기린은 피 속에 효소 Q를 함유하고 있다

토끼는 피 속에 효소 Q를 함유하고 있다

대부분의 서양인들은 2가 1보다 더 설득력 있다고 대답한다. 그리고 그 이유로 소위 '다양성(diversity)' 혹은 '포함(coverage)'의 논리를 내세운다. 즉, 사자와 호랑이는 너무 비슷해서 토끼를 포함한 포유류 전체를 포괄하지 못하지만, 사자와 기린은 서로 많이 다르기 때문에 포유류를 잘 포괄한다는 것이다.

이제 다시 아래의 두 주장 중 어느 것이 더 설득력 있는지 생각해보라.

1 사자는 피 속에 효소 Q를 함유하고 있다

호랑이는 피 속에 효소 Q를 함유하고 있다

포유류는 피 속에 효소 Q를 함유하고 있다

2 사자는 피 속에 효소 Q를 함유하고 있다

기린은 피 속에 효소 Q를 함유하고 있다

포유류는 피 속에 효소 Q를 함유하고 있다

이번에도 대부분의 서양인들은 2가 1보다 더 설득력이 있다고 대답한다. 이번에는 결론에 '포유류'라는 범주가 명시되어 있기 때문에 '다양성' 혹은 '포함'의 논리를 적용하기가 더 쉬워진다. 따라서 '다양성' 혹은 '포함'의 논리를 적용하는 것이 앞의 판단 과제에서보다는 뒤의 판단 과제에서 더 쉬울 것이라고 예상할 수 있다. 왜냐하면 1에서는 '포유류'라는 범주를 스스로 떠올려야 하기 때문이다. 만일에 '포유류'와 같은 자연 범주를 동양 사람들이 상대적으로 덜 중요하게 생각한다면, 첫 두 주장들을 놓고 자발적으로 '포유류'를 떠올리기가 어려울 것이라고 예상할 수 있다.

이를 검증하기 위하여 최인철, 에드워드 스미스, 그리고 나는 한국과 미국의 대학생들에게 앞에서 제시한 것과 유사한 주장들을 제시했다. 그 결과, 결론에 분명하게 포유류 같은 범주가 명시되어 있을 때에 주장 2가 주장 1보다 더 설득력 있다고 판단하는 경향이 한국 학생들에게서 훨씬 더 강하게 발견되었다. 미국 학생들은 결론에 '포유류'가 명시되었든 그렇지 않든 간에 주장 2를 설득력 높은 주장으로 선택했다. 즉, 한국 학생들은 '포유류'라는 범주가 결론에 명시되지 않았을 때 이를 자발적으로 떠올리는 데 어려움을 겪었던 것이다.

사물을 먼저 배우는 서양 아이들과
관계를 먼저 배우는 동양 아이들

왜 동양인들은 사물을 조직화할 때 범주보다는 관계성에 더 주목할까? 고대 중국의 철학자들이 범주화에 그리 관심이 없었고 대신에 '부분-전체'라는 각도에서 세상을 이해하려 했다는 것만으로는 설명이 되지 않는다. 그보다 더 직접적인 이유로 동양의 어린이들은 어릴 때부터 관계성에 주목하도록 사회화되었다는 점을 들 수 있을 것이다.

그러한 사회화 요인들을 살펴보기 전에, 다시 한번 '범주'와 '관계'의 차이에 대해 언급하고자 한다. 범주는 명사에 의해 표현된다. 어떤 동물이 '곰'이라는 것을 배우기 위해서는 그 동물의 특징적인 성질, 즉 커다란 몸집, 커다란 이빨과 발톱, 긴 털, 사나운 모습 등에 주목해야 한다. 그리고 '곰'이라는 명칭을 그 특성들과 결합시키고 나면, 나중에 그런 특성을 가진 동물을 볼 때 곰이라는 명칭을 사용하면 된다. 반대로 관계는 동사에 의해 표현된다. 타동사의 의미를 이해한다는 것은 '두 사물과 그 사물들 사이에서 발생하는 행위를 이해한다'는 의미이다. 예를 들어 '무엇을 던진다(to throw)'라는 동사에는 '손과 팔을 이용해서 어떤 사물을 새로운 장소로 옮긴다'라는 의미가 들어 있다. 동사는 명사보다 상대적으로 의미가 애매하기 때문에 기억하기가 어렵다. 동사는 명사에 비해 대화의 맥락 가운데서 의미가 쉽게 변하기도 하고, 다른 사람이 한 말을 다시 옮기는 과정에서 의미가 변하기도 한다. 뿐만 아니라, 한 언어에서 다른 언어로 번역할 때 명사보다는 동사의 의미를 번역하기가 더 어렵다. 단순 명사들은 여러 언어에 걸쳐 그 의미가 서로 일치하지만 동사들은 그렇지 않은 경우가 많다. 인지심리학자인 디드레 겐트너의 표현을 빌리자면, "동사는 대단히 유동적이지만 명사는 대체로 고정적이다." 명사와 동사 사이의 이런 차이점을 알고 나면 '어린아이들이 동사보다는 명사를 빨리 습득한다'라는 겐트너의 연구 결과가 당연해 보일 것이다. 어린아이들은 하루에 약 2개씩의 명사를 학습하는데 이는 동사를 습득하는 것보다 훨씬 빠른 학습 속도이다. 겐트너는 이러한 명사 편향이 당연히 문화 보편적인 현상일 것이라고 예상했지만, 발달심리학자인 트와일라 타디프(Twila Tardif)와 그녀의 연구팀에 따르면, 동양의 어린이들은 명사와 동사를 거의 같은 속도로 학습하며 어떤 종류의 명사에 있어서는 오히려 동사를 더 빠른 속도로 습득한다고 한다. 동양과 서양 사이에 이러한 극적인 차이가 발생하는 데에는 몇 가지 원인이 있다.

첫째, 동사는 영어와 기타 유럽 언어에서보다도 동양의 언어에서 지각적으로 더 두드러진다. 중국어나 일어, 한국어에서는 동사가 문장의 처음이나 맨 마지막에 오는 경향이 있는데 그 위치들은 상대적으로 눈에 띄는 곳들이다. 반면에 영어에서는 동사가 대개 문장의 중간에 등장하기 때문에 지각적으로 그리 주목받지 못한다.

둘째, 서양의 부모들은 아이에게 명사를 가르치는 일을 매우 중요하게 여긴다. 어떤 사물을 가리키고 그것의 이름과 특성을 가르쳐주는 것을 부모의 사명으로까지 여긴다. 그러나 동양의 부모들은 사물의 이름을 가르치는 것을 그렇게까지 중요하게 생각하지는 않는다. 발달심리학자인 앤 퍼널드(Anne Fernald)와 히로미 모리카와는 생후 6개월, 12개월, 19개월 된 아이가 있는 미국의 가정과 일본의 가정을 각각 방문해서 아이의 어머니들에게 그들이 준비해 간 장난감(개, 돼지, 자동차, 트럭)을 건네주면서 아이와 놀아보게 했다. 미국 어머니들은 일본 어머니들에 비해 사물의 이름('돼지', '멍멍이')을 2배 정도 더 많이 언급한 반면에, 일본 어머니들은 미국 어머니들에 비해 사회적 관계에서 중요한 예절을 2배 더 언급했다. 미국 어머니들은 대개 "이건 차란다. 차 보이지? 차 좋아해? 와, 바퀴가 아주 멋있지!"와 같은 대화를 시도하였지만, 일본 어머니들은 "자, 여기봐, 부릉 부릉! 자, 차를 너한테 줄게. 이제 다시 엄마에게 줘봐. 옳지, 잘했어!"라는 식의 말들을 많이 했다. 이런 대화를 통하여, 미국의 어린이들은 세상을 '사물'로 이루어진 곳으로 배우고 일본의 어린이들은 세상을 '관계'로 이루어진 곳으로 배운다.

셋째, 공통적인 특성을 가지고 있는 사물들을 하나의 이름으로 부르는 작업은 어린이에게 '그러한 특성을 가지고 있는 사물들을 하나의 범주로 묶을 수 있는' 범주화 능력을 배양해준다. 그리고 그러한 범주화 습관은 사물의 이름, 즉 명사를 습득하는 데 큰 도움이 된다. 따라서 사물에 주의를 기울이고 범주화하는 서양인의 습관 때문에 그들의 아이는 명사를 쉽게 습득할 수 있는 것이다.

넷째, 영어나 다른 유럽 언어에서 '속명(generic nouns, 어떤 범주 자체에 대한 이름)'은 문장 구조상 확연히 구분된다. 예를 들어, 영어에서는 'a duck', 'the duck', 'the ducks', 'ducks'라는 표현을 쓸 수 있는데, 이 중 마지막 표현은 속명에 해당한다. 즉, 오리 일반을 지칭하는 말이다. 영어에서는 이처럼 '특정 오리 한 마리', '특정 오리 집단', '오리 일반' 등을 분명히 구분지어 표현할 수 있다. 그러나 중국어를 비롯한 동양어의 경우는 이러한 구분이 쉽지 않으며, 오로지 맥락에 의해서만 가능하다. 발달심리학자인 수잔 겔먼(Susan Gelman)과 트와일라 타디프(Twila Tardif)가 영어를 사용하는 어머니와 중국어를 사용하는 어머니를 비교 연구한 결과, 영어권 어머니들이 속명을 사용하는 빈도가 2배 높았다고 한다.

다섯째, 연구에 따르면 동양의 어린이들은 서양의 어린이들에 비해 훨씬 늦은 시기에 범주화하는 방법을 배운다. 발달심리언어학자인 앨리슨 고프닉(Alison Gopnik)과 최순자는 각각 한국어, 불어, 영어를 사용하는 어린이들을 1살 중반부터 관찰하기 시작했다. 그들은 '범주화를 하고, 사물의 이름을 대는 기술'이 불어나 영어권 아이들보다 한국어를 사용하는 어린이들에게서 늦게 발달된다는 사실을 발견했다.

이러한 이유들로 인해 서양의 아이들은 동사보다 명사를 더 빨리 배우지만, 동양의 아이들은 상대적으로 명사 못지않게 동사도 빨리 배운다.

문화적 차이는 순전히 언어의 차이에 기인하는가?

그렇다면, 세상을 조직화할 때 명사를 주로 사용하느냐 동사를 주로 사용하느냐의 차이는 순전히 언어적 차이에서 비롯된 것일까? 즉, 서양의 언어가 명사를 강조하고, 동양의 언어가 동사를 강조한다는 언어적 차이가 '범주화에서의 문화적 차이'를 설명할 수 있을까? 과연 이 책에 기술된 인지적 차이 중에서 어느 정도가 언어의 차이 때문에 발생한 것일까?

이 책에서 논의하고 있는 동서양의 인지적 차이와 언어적 차이에는 놀라울 정도로 유사한 점이 많다. 중국어와 일본어는 서로 많이 다르지만 인도유럽계 언어들과 비교해보면 그 둘은 놀라울 정도로 유사해 보인다. 앞에서 이미 기술하였듯이 동양과 서양의 언어 습관은 사물을 가리키고 이름을 부르는 행위의 빈도, 문장 내에서의 동사의 위치, 속명의 빈도 등에서 차이를 보인다. 그러나 이들 외에도 두 언어 사이에는 의미 있는 차이들이 존재한다.

서양의 언어에서는 어떤 상황에서 속명을 사용하는 것이 옳은지 그른지를 분명히 나타낼 수 있기 때문에 속명의 사용 빈도가 높다. 영어에서는 문장의 구조 자체로 어떤 명사가 범주 자체를 의미하는지 아니면 그 범주의 특정 개체를 의미하는지를 명확하게 구분할 수가 있다. 그러나 중국어에서는 '다람쥐들이 나무 열매들을 먹는다(squirrels eat nuts)'와 '이 다람쥐가 그 나무 열매를 먹고 있다(this squirrel is eating the nut)'를 구분할 수 있는 방법이 없다. 오직 문맥을 통하여 추측할 수 있을 뿐이다. 헌데, 영어에서는 문장 구조 자체가 어떤 명사가 범주 자체를 의미하는지 아니면 그 범주의 개체를 의미하는지를 구분시켜준다. 그리스어와 다른 인도유럽계 언어에서는, 사물의 어떤 속성 자체에 'ness'라는 접미사를 붙여서 명사로 만들 수 있다. 철학자인 데이비드 모저(David Moser)에 따르면, 이러한 용법 때문에 서양인들은 어떤 속성 자체를 하나의 실체로 여긴다. 플라톤은 "이러한 추상적인 속성 자체가 사물의 구체적인 속성보다 더 분명한 실재를 가지고 있다"라고까지 주장했다. 그러나 중국 철학에서 이러한 '추상화'는 좀처럼 나타나지 않는다.

동양의 언어는 '맥락'에 주로 의존한다. 동양어의 단어는 대개 다중 의미를 지니고 있어서 문맥에 따라 다른 의미로 해석된다. 그러나 영어의 단어는 그 의미가 매우 제한적이며, 게다가 영어 사용자들은 단어를 사용할 때 가능하면 맥락의 도움 없이 이해될 수 있도록 주의를 기울인다. 언어인류학자인 셜리 브라이스 히스(Shirley Brice Heath)는 미국의 중산층 부모들이 자녀들에게 언어를 가르칠 때 의도적으로 단어를 맥락에서 떼어내어 탈맥락적으로 가르친다는 사실을 발견했다. 서양의 언어는 맥락보다는 '대상'에 초점을 맞춘다. 따라서 영어는 '주어'에 매우 집착한다. 심지어 '비가 온다'라는 표현을 할 때에도 'It is raining'이라고 해서 'It'을 주어로 쓸 정도이다. 그러나 동양의 언어는 '주제' 중심적이다. 동양의 언어 습관에서 문장의 첫 부분에는 대화의 초점이 되는 주제가 나온다. 예를 들어, '이곳은 스키 타기에 좋다'라는 뜻의 중국어를 영어로 표현하면 'This place, skiing is good'이 되듯이 대화의 초점이 되는 '이곳'이 문장의 첫 부분에 온다.

이러한 언어적 차이는 앞 장에서 언급한 '수중 장면을 보고 기억하게 했을 때 나타나는 문화적 차이'에 대한 또 다른 해석을 가능하게 한다. 즉, 영어를 사용하는 피험자들은 곧바로 사물을 기술하면서 기억을 시작하는 것이 그들의 언어 습관상 자연스러운 일이지만, 일본 피험자들의 경우에는 '맥락'을 먼저 기술하는 것이 언어 습관상 더 적절한 것이다. 일본어에서도 맥락을 거론하지 않고 바로 사물에 대한 기술로부터 문장을 시작하는 것이 문법적으로 잘못된 표현은 아니지만 어딘가 어색하게 여겨진다.

서양에서 행위의 주체는 자기 자신이다. 그러나 동양인에게 행위란 다른 사람과의 교감을 통해 발생하는 것이거나 주어진 상황에 자기가 적응한 결과이다. 이러한 차이가 언어에서도 잘 드러난다. 가령, 일본어나 중국어, 한국어에서는 '나(I)'를 표현하는 말이 주어진 상황에 따라 다르다. 예를 들면, 친구들과의 관계에서 '나'를 기술하는 말과 상사와의 관계에서 '나'를 기술하는 말이 다르다. 동양 언어에서 구체적인 맥락과 인간 관계를 고려하지 않고 '나'를 표현하는 것은 드문 일이다. 행동의 원인에 대한 관점의 차이 또한 문법에서 잘 나타난다. 서양의 언어는 행위자 중심적이다.

따라서 'He dropped it'과 같은 표현을 쓰지만(스페인어는 예외), 동양의 언어는 'It fell from him' 혹은 단순히 'fell'이라고 표현한다.

다른 사람에게 차를 더 청하는 상황에서도 동양과 서양의 언어적 차이가 잘 드러난다. 중국인들은 '더 마실래?(Drink more?)'라고 묻지만, 미국 사람들은 '차 더 할래?(More tea?)'라고 묻는다. 중국인들의 관점에서는 그 상황에서 마시고 있는 것은 분명 '차'이기 때문에, 명사인 '차'를 문장 안에 포함시킬 필요가 없지만, 미국인들은 차를 '마시고 있는 것'이 분명하기 때문에 동사인 'drink'를 포함시킬 필요가 없다고 느낀다.

언어인류학자인 에드워드 사피어(Edward Sapir)와 벤저민 워프(Benjamin Whorf)에 따르면, 언어 구조상의 차이는 사고 과정의 차이를 낳는다(이를 언어 상대성 가설이라고 한다-역주). 이 주장을 두고 언어학자와 심리학자들 사이에서 논란이 일었으나, 최근에는 수용하는 움직임이 증가하고 있다. 내가 수집한 자료들도 이 가설을 지지하는 듯하다.

앞에서 소개한 지리준과 장지용, 그리고 나의 연구를 다시 기억해보자. 우리는 중국과 미국의 피험자들에게 세 개의 단어(예, 팬더 곰, 원숭이, 바나나)를 주고 그중 관련이 깊은 두 단어를 고르게 했다. 실험에 참여한 중국 학생들 중에는 미국에 거주하는 학생도 있었고 중국에 거주하는 학생들도 있었다. 그들은 영어로 된 검사와 중국어로 된 검사에 모두 참여했다. 따라서 사피어-워프의 가설이 맞다면 양국의 언어를 모두 사용하는 중국인들의 경우에 검사를 영어로 받는지 중국어로 받는지에 따라 다른 결과를 보일 것이다. 이때 고려해야 하는 점은 '이중언어자(bilingual)'에는 두 종류가 있다는 사실이다. '동등 이중언어자(Coordinate bilingual)'들은 제2국어를 비교적 늦은 나이에 배워, 그것을 한정된 맥락에서만 사용하는 사람들이다. 따라서 그들은 언어에 따라 세상에 대한 정신적 표상이 서로 다를 수 있다. 그러나 '복합 이중언어자(Compound bilingual)'들은 아주 어린 나이에 제2국어를 배워 어떤 언어에서든 세상에 대한 표상이 크게 다르지 않은 사람들이다. 중국이나 타이완에서 영어를 사용하는 사람들은 동등 이중언어자이고, 홍콩이나 싱가포르에서 영어를 쓰는 사람들은 복합 이중언어자라고 할 수 있다. 따라서 사피어-워프 가설이 맞는다면, 동등 이중언어자들은 문제를 영어로 제시하느냐 중국어로 제시하느냐에 따라 범주화의 패턴이 크게 달라지겠지만, 복합 이중언어자들은 영어로 검사하든 중국어로 검사하든 별다른 변화를 보이지 않을 것이다. 연구 결과는 이 예상과 정확하게 들어맞았다.

우선, 영어로 문제를 푼 미국인들과 중국어로 문제를 푼 중국인들 사이에 뚜렷한 차이가 있었다. 미국인들은 관계에 기초한 범주화라는 공식적인 분류 범주에 기초해 범주화를 2배 정도 더 많이 하였고, 중국어로 문제를 푼 중국인들은 정반대의 패턴을 보였다.

둘째, 중국 본토와 타이완의 중국인들은 영어와 중국어에 따라 뚜렷한 차이를 보였다. 즉, 영어로 문제를 풀었을 때 그들은 관계성에 기초한 범주화를 훨씬 약하게 보였다. 그들에게 영어를 쓰는 것은 세상에 대한 전혀 다른 조직화를 이끌어내는 촉매제와 같은 것이었다.

홍콩과 싱가포르의 참여자들의 패턴 또한 예상과 일치했다. 우선 그들의 반응은 평균적으로 중국과 타이완 사람들보다는 더 서양적이었다. 물론 그들에게서도 관계에 기초한 범주화 경향이 있었지만 그 정도는 매우 약하였다. 그러나 정작 중요한 점은, 그들은 문제를 영어로 제시하든 중국어로 제시하든 별 차이를 보이지 않았다는 점이다.

이 연구 결과가 의미하는 바는 매우 자명하다.

첫째 언어의 효과와 무관한 문화의 효과가 존재한다는 것이다. 이 점은 동등 이중언어자 중국인과 복합 이중언어자 중국인의 반응이 미국인의 반응과 다르다는 사실을 통해 알 수 있다. 전자의 집단은 영어로 문제로 풀었을 때 덜 동양적인 패턴을 보였지만 여전히 미국인과는 다른 패턴을 보였다. 홍콩과 싱가포르처럼 보다 서구화된 사회에서의 복합 이중언어자 중국인들은 중국어로 문제를 풀었을 때 더 동양적인 패턴을 보였지만, 동등 이중언어자 중국인들(덜 서구적인 중국 본토나 타이완 출신)보다는 여전히 더 서구적인 패턴을 보였다.

둘째, 문화의 효과와는 독립적인 언어의 효과가 존재한다는 점을 알 수 있다. 이는 동등 이중언어자 중국인들의 반응이 영어와 중국어에 따라 달라지는 결과를 통해 확인할 수 있다.

따라서 사피어–워프 가설에 대한 우리의 매우 제한적인 답변은 (불과 소수의 연구 결과를 가지고 논하고 있기 때문에 매우 제한적인 의견임을 명심할 필요가 있다) 언어 체계가 표상 체계와 관련되어 있는 한 언어가 사고에 영향을 줄 수 있다는 것이다.

동양인들은 세상을 '관계'로 파악하고 서양인들은 범주로 묶일 수 있는 '사물'로 파악한다. 이러한 차이는 아이를 양육하는 방식에서의 문화 차이에서 비롯되는 것처럼 보인다. 즉, 동양의 어린이들은 관계에 주목하도록 양육되고 서양의 어린이들은 사물과 그것들의 범주에 주목하도록 양육된다. 여기에 덧붙여, 언어의 문화 차이 또한 일정 역할을 한다.

세상을 이해하는 데 있어 나타나는 동양과 서양의 차이는 지식을 조직화하는 방법에만 그치지 않고 '논리적 추론' 방법에도 매우 상이한 차이들을 만들어내는데, 이 점은 6장에서 다룰 것이다.

The Geography of Thought :

How Asians and Westerners Think Differently...and Why

6

논리를 중시하는 서양과
경험을 중시하는 동양

공자는 '사람은 가장 행복하다고 느끼는
바로 그 순간, 슬픔을 동시에 느낀다'고
했는데, 이는 동양인들을 두고 한 말이 틀림
없다.

문명 세계의 양극단인 동양과 서양
에서 나타나는 가장 두드러진 차이는, 논리학의 지위에 있다. 논리학
은 서양 문명에서 가장 핵심적인 역할을 담당해왔으며, 그 전통의 끈
이 끊어진 적은 한 번도 없었다.

철학자 앵거스 그레이엄

중국인은 매우 합리적이어서 지나치게 이성적으로만 사고하는 것을
거부하며…… 또한 내용과 형식을 분리하는 것도 거부한다.

철학자 류슈셴

중국 고전 교육의 목표는 분별력 있는 인간의 양성에 있었다. 중국 문
화에서 교양인이란 건전한 상식과 중용의 도, 그리고 절제를 겸비한
사람이며 지나친 추상적 이론과 논리적 극단을 거부하는 사람이다.

문예비평가 린위탕

논리적 일관성을 무기로 논쟁하는 것은 불쾌감을 일으킬 뿐 아니라 미숙한 것으로 간주될 수 있다.

인류학자 노부히로 나가시마

서양인들에게는 다소 의아하게 들릴지 모르지만 동양의 지적 전통에서 논리적 사고의 영향력은 매우 미약했다. 고대 고전주의 시기에 논리적 사고를 중시하는 명가(名家, 논리학파)와 묵가(墨家, 묵자의 추종자들)가 잠시 존재했었다. 논리학파는 비록 형식 논리로의 진전을 거두지는 못했지만 다른 중국 철학 전통과는 달리 지식 자체에 관심이 있었다. 묵가의 전통은 '필요 및 충분 조건'의 개념, '비모순(noncontradiction)' 원리, '배중률(law of excluded middle)'과 같은 몇 가지 논리학적 주제를 다루기도 하고 아주 초보적인 형태이긴 하지만 나름의 '비용효과 분석법(cost-benefit analysis)'을 개발하기도 했다. 그러나 묵가의 사상에서 발견되는 이러한 서구적 측면들에도 불구하고, 그들은 동양적 지향점을 강하게 유지하였다. 즉, 다른 중국 철학자들과 마찬가지로 명제의 진실성과 도덕성을 구분 짓지 않았는데, 이는 논리학의 발전에 있어서 치명적인 실수였다.

동양에서는 기원후 1,000년 동안 논리적인 접근 방식을 통해 세계를 이해하려는 노력이 거의 이루어지지 않은 것 같다. 대신 동양인들은 오감에서 비롯되는 감각적 증거와 상식을 신뢰하여 스스로의 경험에 위배되는 주장은 수용하려 들지 않았다. 그나마 논리적 사고를 중시했던 명가와 묵가에서조차 이런 경향이 발견되며, 이는 감각을 부인하고자 했던 그리스인들과는 사뭇 대조적인 모습이다.

서양의 논리와 동양의 경험

동양에서 논리학에 대한 관심이 부족했던 주된 이유는 어떤 논리적 주장의 '내용'은 무시하고 '형식'만 고려하는 탈맥락주의를 완강하게 거부했기 때문이다. 심리학자인 아라 노렌자얀, 에드워드 스미스, 김범준, 그리고 내가 행한 두 개의 연구는 이러한 경향이 현재의 동양인들에게도 여전히 남아 있음을 보여준다.

다음 두 연역적 주장을 보고 어느 것이 더 설득력이 있는지 판단하여 보라.

1 모든 새는 척골동맥을 가지고 있다. 그러므로 모든 독수리는 척골동맥을 가지고 있다.

2 모든 새는 척골동맥을 가지고 있다. 그러므로 모든 펭귄은 척골동맥을 가지고 있다.

사람들이 추론 과정에서 형식 논리(formal logic)를 사용하는지 아니면 경험적 지식에 의존하는지를 측정하는 한 가지 방법은, 그들이 상위 범주(새)의 속성(척골동맥)을 하위 범주(독수리, 펭귄)에 얼마만큼 적용하는지를 살펴보는 것이다. 위의 두 주장은 동일한 전제를 깔고 있으나 그 결론은 표적이 되는 새(독수리나 펭귄)가 얼마나 '전형적인가'에 따라 달라진다. 즉, 독수리는 펭귄에 비해 보다 '전형적인' 새라고 할 수 있다. 만약 위와 같은 명제들을 평가할 때 순수하게 논리학적 사고를 따른다면 비록 명시적으로 언급되어 있지는 않지만 자연스럽게 '모든 독수리는 새이다', '모든 펭귄은 새이다'라는 전제를 생각해낼 것이다. 그렇다면, 두 개의 논거는 동일하게 설득력을 가지고 있는 것으로 간주될 것이다. 그러나 사람들은 종종 비전형적인 사례에 대한 주장보다는 전형적인 사례에 대한 주장을 더 설득력 있는 것으로 평가한다. 왜냐하면 이전의 경험 때문에 '펭귄을 새로 간주하는 것'보다는 '독수리를 새로 간주하는 것'이 더 쉽기 때문이다.

우리 연구팀은 한국인, 동양계 미국인, 미국인 등의 세 집단에게 이와 같은 연역적 주장 20개를 제시하고 각 주장들의 설득력을 평가하도록 했다. 그중 10개는 결론에 독수리와 같은 전형적인 대상을, 다른 10개는 펭귄과 같은 비전형적인 대상을 제시하였다. 연구 결과, 놀랍게도 한국인들은 전형적인 대상에 대한 주장을 더 설득력 있는 것으로 판단한 반면, 미국인들은 비전형적인 논거도 전형적인 논거와 거의 비슷한 정도의 설득력을 가지는 것으로 평가했다. 동양계 미국인들은 한국인들과 미국인들의 중간쯤에 해당하는 반응을 보였다.

이제 다음의 주장들을 살펴보고 어느 주장이 논리적으로 타당한지 판단해보라.

전제1   경찰견은 나이가 많지 않다.

전제2   고도로 훈련된 어떤 개들은 나이가 많다.

결 론   고도로 훈련된 어떤 개들은 경찰견이 아니다.

전제1   식물로 만들어진 모든 것은 건강에 좋다.

전제2   담배는 식물로 만들어졌다.

결 론   담배는 건강에 좋다.

전제1   A는 B가 아니다.

전제2   어떤 C는 B이다.

결 론   어떤 C는 A가 아니다.

첫 번째 주장은 의미도 있고, 즉 이해될 수 있을 뿐 아니라 결론도 그럴듯하다. 두 번째 주장은 유의미하기는 하지만 그 결론은 썩 그럴듯하지 않다. 세 번째 주장은 너무 추상적이어서 의미를 파악하기 어렵다. 그러나 중요한 점은 이러한 차이에도 불구하고 세 주장 모두 '논리적으로' 타당하다는 점이다.

어떤 논리적 주장이 의미 있고 결론 또한 경험적으로 그럴듯하면 그 주장의 논리적 타당성에 대해 정확한 판단을 내리기가 더 쉬워진다. 그러나 어떤 주장이 의미는 있으나, 그 결론이 그럴듯하지 않을 경우 그 논리적 타당성에 대하여 정확한 판단을 내릴 가능성은 줄어든다. 우리는 한국과 미국의 대학생들에게 논리적으로 타당한 주장, 논리적으로 타당하지 않은 주장, 그리고 그 결론이 그럴듯한 주장, 그럴듯하지 않은 주장 등의 여러 경우를 제시하고, 각 주장의 결론이 전제로부터 논리적으로 도출되었는지, 즉 타당성의 여부를 평가하도록 했다. 재차 강조하거니와 논리적 타당성은 '결론이 그럴듯한가, 그럴듯하지 않은가'와는 무관하다.

연구 결과, 한국인과 미국인 모두 '그럴듯한 결론을 가진 삼단논법'을 그럴듯하지 않은 결론의 삼단논법보다 더 타당한 것으로 평가하는 오류를 범했다. 그러나 이러한 경향은 한국인에게서 더 강하게 나타났다. 즉, 한국인이 미국인보다 경험에 근거한 판단을 더 많이 한 것이었다. 이 차이는 결코 미국인 참가자들에 비해 한국인 참가자들의 논리적 능력 자체가 떨어지기 때문은 아니다. 왜냐하면 순수하게 추상적인 삼단논법에서는 한국인과 미국인들이 오류를 범하는 정도가 비슷했기 때문이다. 단지 미국인들은 일상적인 사건에도 논리학적 법칙을 적용하는 습관이 있기 때문에 결론의 '그럴듯함' 여부를 무시할 수 있었던 것이다.

서양의 Either/Or 지향과 동양의 Both/And 지향

다음 속담 그룹 중 어느 것이 더 마음에 와 닿는가?

- 빵 반쪽이라도 있는 것이 아예 없는 것보다는 낫다.
- 다수에 대항하는 소수는 반드시 패한다.
- '예를 드는 것' 자체로는 증거가 될 수 없다.

- 지나친 겸손은 절반의 교만함이다.
- 적보다는 친구를 조심하라.
- 인간은 쇠보다 강하지만 파리보다 약한 존재이다.

두 번째 그룹의 속담들은 누가 봐도 명백한 모순을 내포하고 있다. 겸손함은 원래 교만하지 않음을 의미하며, 친구들은 조심해야 할 필요가 없는 사람들이다. 그러나 첫 번째 속담들은 모순을 내포하고 있지 않다. 사회심리학자인 펑카이핑과 나는 두 번째 유형의 속담이 미국에서보다 중국에서 더 흔하게 발견된다는 사실에 주목했다. 우리는 미시간대학과 베이징대학의 학생들에게 그와 같은 일련의 속담들을 제시해주고 각 속담이 '얼마나 마음에 드는지'를 평가하게 했다. 그 결과 미국 학생들은 모순을 내포하고 있지 않은 속담들을 더 선호한 반면, 중국 학생들은 모순을 포함하고 있는 속담들을 선호했다. 이러한 차이가 중국 사람들이 미국 사람들보다 모순을 포함하고 있는 속담들에 더 친숙하기 때문만은 아니라는 사실을 증명하기 위하여, 우리는 두 나라 사람 모두에게 친숙하지 않은 유태인 속담을 이용하여 또 다른 연구를 수행했다. 결과는 마찬가지였다. 즉, 모순을 포함하지 않은 유태인 속담에 대해서는 동일한 정도의 선호를 보였으나, 모순을 포함한 속담에 대해서는 중국인들의 선호가 훨씬 더 높았다. 우리는 여기서 다시 한번 동양의 문화와 중동의 문화가 유사함을 알 수 있다.

'모순에 대한 선호'에서 드러나는 이러한 동서양의 차이는 매우 뿌리 깊은 근원을 가지고 있다. 고대 중국인들은 변증법적 사고라 부를 만한 사고 방식을 가지고 있었는데, 그 가장 큰 특징은 모순이 되는 주장들을 타협을 통해 수용하는 것이었다. 모순되는 두 주장 모두에서 진리를 발견하고자 하는 것이 그 사고 방식의 핵심이다. 고대 중국인들의 이러한 변증법적 사고의 특징은 다음의 세 가지로 정리될 수 있다.

1) **변화의 원리**(The principle of change) 동양의 사고에서 우주는 정적인 곳이 아닌 역동적이고 변화 가능한 곳이다. 어떤 사건이 현재 특정 상태에 놓여 있다는 것은 그 상태가 곧 변화할 것이라는 징후로 간주된다. 현실은 끊임없이 변동하기 때문에 현실을 반영하는 개념들 역시 고정적이고 객관적이기보다는 유동적이고 주관적이어야 한다.

2) **모순의 원리**(The principle of contradiction) 우주는 끊임없이 변

화하기 때문에 대립(oppositions), 역설(paradoxes), 변칙(anomalies)
이 늘 발생하며, 신/구, 선/악, 강/약이 모든 사물 안에 동시에 존
재한다. 대립은 사실상 서로를 완성시키고 보완하는 기능을 한다.
도교에서는 모순 관계에 있는 두 주장들이 역동적인 조화의 상태
로 존재하며, 서로 대립적인 동시에 서로 연결되어 상호 통제한다
고 생각한다. 도는 '존재하는' 동시에 '존재하지 않는' 것으로 규정
된다.

　도교의 창설자인 노자는 "사람들이 미를 미로서 인정할 때에야
비로소 추함에 대한 인식이 생겨난다. 마찬가지로 사람들이 선을
선으로서 인정해야 마침내 사악함에 대한 인식이 생겨난다. 그러
므로 존재와 부재는 상생하는 것이다"라고 말하였다. 자신을 정치
가, 군인, 철학자, 시인으로 명명했던 중국의 독재자 마오쩌둥도
"대립은 서로 맞서는 것이지만, 다른 한편으로는 상호 연결, 상호
침투, 상호 관통, 상호 의존을 뜻한다"라고 기술하였다.

　3) 연관성 혹은 종합론의 원리(The principle of relationship, or
Holism) 변화와 대립에 대한 그러한 견해는 자연스레 어떤 사물도
다른 것들과 고립된 채 독립적으로 존재하지 않으며, 모든 것은 다
른 무수한 것들과 관계를 맺고 있다는 생각으로 이어진다. 따라서
어느 하나를 진정으로 알기 위해서는 그것이 연관되어 있는 다른
모든 것들과의 관계를 알아야 한다.

　물론 변증법적 사고의 이 세 가지 원리는 서로 관련되어 있다.

변화는 모순을 발생시키고, 모순은 다시 변화를 야기한다. 끊임없는 변화와 모순의 존재를 인정하는 것은 개개의 사물을 논하면서 다른 부분들과의 관계나 그것의 이전 상태를 고려하지 않는 것이 불가능함을 의미한다. 이 원리들에 따르면 동양인의 중요한 신조인 중용, 즉 극단적 명제 사이에서 끊임없이 중도를 탐색하는 노력이 왜 동양에서 당연하게 여겨지는지 알 수 있다. 동양의 사고에서 모순이란 단지 표면적인 것일 뿐이며 그들의 사고에는 'A가 참이지만 B 또한 거짓이지는 않다'라는 가정이 깊이 내재되어 있다. 따라서 '큰 진리의 역 또한 참이다'라는 선불교의 가르침이 자연스럽게 수용될 수 있는 것이다.

어쩌면 서양인들의 눈에도 이와 같은 동양적인 사고들이 낯설어 보이지는 않을 것이다. 실제로 칸트, 피히테, 헤겔의 시대 이래로 이런 종류의 변증법 전통은 서양 사상의 흐름에서도 한 위치를 점하고 있다. 그러나 헤겔 혹은 마르크스주의의 변증법은 모순을 수용하거나 초월하기보다는 모순을 완전히 제거하기 위한 노력을 강조했다는 점에서 동양의 변증법적 사고보다 더 공격적이다. 서양인들이 동양인의 변증법적 사고가 전적으로 동양적인 것이 아니라 서양에도 존재한다고 쉽게 착각하는 이유는 그들의 사고 전통 안에 동양적 변증주의 정신에 정면으로 반하는 논리적 원리들이 얼마나 뿌리 깊게 박혀 있는지 모르기 때문이다.

서양 사고의 기본 원리 중 하나인 '동일률'은 상황이 변해도 달라지지 않는 일관성을 강조한다. 즉, A는 맥락에 관계없이 A인 것이다. 또한 비모순율은 한 명제와 그 명제의 부정이 동시에 참일 수 없음을 강조한다. 즉, A이면서 동시에 A가 아닌 것은 있을 수 없다. 그러나 동양의 '종합론 원리'는 맥락이 달라지면 어떤 사물이 전혀 다른 것이 될 수 있음을 말하고 있으며, '변화의 원리'는 삶이란 한 상태에서 다른 상태로의 끊임없는 변화 과정이며 따라서 존재하는 것은 존재하지 않는 것이고 존재하지 않는 것은 존재하는 것일 수 있음을 말하고 있다. 물론 현대의 동양인들이 서양인들의 논리학 원리를 모르는 것은 아니다. 그러나 동양인들은 순전히 형식 논리상 모순된다는 이유로 결론을 부정하는 것은 잘못된 판단으로 이어질 수 있다고 믿는다. 그들에게 개념이란 단지 사물의 반영에 불과하기 때문에, 반대인 것처럼 보이는 두 개념을 동시에 참이라고 받아들이는 것이 현명하다고 생각한다.

모순에 대한 이러한 입장의 차이는 추론 과정에 매우 흥미로운 차이를 초래한다. 펑카이핑과 나는 미시간대학에 재학 중인 중국인과 미국인 대학원생들에게 '사람들 사이의 갈등에 관한 이야기'와 '어떤 한 사람의 내면적 갈등에 관한 이야기'를 각각 읽게 했다. 구체적으로 첫 번째 이야기는 '어머니와 딸 사이에 발생하는 가치관의 갈등'에 대한 것이었고, 두 번째 이야기는 '학교를 다니면서 느끼는, 신나게 놀고 싶은 마음과 열심히 공부해야 하는 의무감 사이의 갈등'에 대한 것이었다. 우리는 참가자들에게 이들 갈등에 대해 분석하게 하고, 그들의 분석을 '중용이나 변증법적 해결'과 '비변증법적 해결'로 분류하였다. 변증법적 반응에는 '문제의 원인을 쌍방 모두에서 찾으려는 양비론적 견해', '대립하는 견해를 절충하려는 중재의 노력' 등이 포함되었다. 예를 들어, '머지않은 미래에 이 둘이 의견의 일치를 보게 될 것이다'라거나 '어머니와 딸 모두가 서로를 이해하지 못했다'와 같은 대답들은 변증법적인 것으로 분류되었다. 비변증법적인 반응은 보통 둘 중의 어느 한쪽에 배타적인 책임을 돌리는 대답들이었다.

자료 분석 결과, 어머니와 딸의 갈등 상황에 대해서는 중국 학생들의 72%가 변증법적인 대답을 했으나 미국 학생들은 단지 26%만이 변증법적인 대답을 내놓았다. 학업과 재미 사이의 갈등 상황에 대해서는 중국 학생들의 약 절반이 변증법적이었던 데 반해, 미국 학생들은 약 12%만이 변증법적인 대답을 했다. 결론적으로, 중국 학생들은 중용을 찾으려고 노력한 반면 미국 학생들은 어느쪽에 더 큰 책임이 있는가를 밝히려는 일방향적 접근을 취했던 것이다.

펑카이핑과 나는 동양인과 서양인이 논리적인 주장과 변증법적인 주장 중 어느 쪽을 더 선호하는지를 알아보는 또 다른 연구를 수행했다. 우리는 참가자들에게 '더 무거운 물체가 먼저 낙하한다'라는 아리스토텔레스의 주장을 반박하는 두 개의 주장을 제시하고, 그중 어느 쪽 주장을 더 선호하는지를 물어보았다. 두 주장 모두 '아리스토텔레스는 물체가 무거우면 무거울수록 지면으로 더 빨리 낙하할 것이라고 믿었지만, 가정은 틀렸다'라는 문장으로 시작되었다. 연구 참가자들은 미국 미시간대학의 자연계열 대학원생들이었고, 물리학 전공자는 제외되었다.

첫 번째 주장은 갈릴레오의 유명한 논의에 근거한 것이었다.

우리 앞에 두 물체가 있는데, 그중 무거운 것을 H, 가벼운 것을 L이라고 하자. 아리스토텔레스의 가정에 따르면, H는 L보다 빨리 낙하할 것이다. 이제 H와 L을 합쳤다고 가정해보자. 무슨 일이 벌어질까? [L + H]는 H보다 무겁고 따라서 초기 가정에 의해 이것은 H 단독일 때보다 더 빨리 낙하해야 한다. 그러나 합쳐진 물체에서 L은 더 가벼우므로 H에 대해 '브레이크(제동장치)'로 작용하기 때문에, [L + H]는 H 단독일 때보다 더 느리게 낙하할 것이다. 그러므로 아리스토텔레스의 가정에 따르면, [L + H]는 H 단독일 때보다 더 빨리 낙하하는 동시에 더 느리게 낙하한다. 이것은 앞뒤가 맞지 않는 논리이므로 초기 가정이 거짓임에 틀림없다.

두 번째 주장은 종합적인 사고 혹은 변증법적인 사고에 근거한 것이었다.

아리스토텔레스의 가정은 물체가 맥락적 요인들의 영향으로부터 자유롭다는 믿음에 근거하고 있다. 그러나 그것은 비현실적이다. 우리 앞에 두 물체가 있는데, 그중 무거운 것을 H, 가벼운 것을 L이라고 하자. 'H를 바람이 많이 부는 날씨에 낙하시키고, L을 평온한 날씨에 낙하시키는 것'과 같이 두 물체를 서로 다른 조건에 집어넣는다면 분명 가정과는 다른 결과가 발생할 것이다. 헌데 이러한 맥락적 영향이란 언제나 존재하므로 이를 고려하지 않은 초기 가정은 거짓임에 틀림없다.

우리는 또한 참가자들에게 신의 존재를 증명하는 논리적 주장과 변증법적 주장을 각각 제시하고 어느 것을 더 선호하는지도 물어보았다. 논리적 주장은 기본적으로 고대 서양의 우주관에 근거하고 있었다.

존재하는 모든 것은 원인을 가지고 있어야 한다. 결과로부터 원인을 추적해 나갈 때, 우리는 두 가지 중 하나를 선택해야 한다. 하나는 궁극적 원인에 대한 가정 없이 무작정 원인들의 꼬리를 따라 올라가는 것이고, 다른 하나는 궁극적인 원인이 필연적으로 존재한다는 가정 아래 원인을 추적하는 것이다…… 그런데 만약 원인들 간의 사슬이 시작된 맨 처음이 없다고 가정한다면 매우 이상하지 않겠는가?…… 그러므로 우리는…… 그 존재의 원인이 '그 자신'인 어떤 절대자를 가정하지 않으면 안 된다.

신의 존재에 대한 변증법적 주장은 다음과 같이 제시되었다.

……어떤 두 사람이 탁자 위에 놓여 있는 컵 하나를 바라볼 때,

한 명은 손잡이가 있는 컵으로 보고, 반대 쪽에 있는 다른 한 명은 손잡이가 없는 컵으로 볼 수밖에 없듯이…… 개개인은 진실의 어느 한쪽 측면밖에는 볼 수 없다. 그러나 그렇다고 해서 궁극적인 진리가 없는 것일까?…… 아니다. 서로 다른 개별적인 관점들을 종합할 수 있는 방법이 어딘가에 반드시 존재해야 한다…… 개별적인 관점들의 이러한 종합은 어느 개인 혼자서는 창조할 수도 발견할 수도 없는 것이다. 그러므로 우리는 개개의 고유한 실체를 초월하는 필연적인 존재를 인정하지 않을 수 없다.

자료 분석 결과, 중력에 관한 두 주장들에 대해서는 대다수의 중국 학생들은 종합적이고 변증법적인 주장을 선호했지만, 대다수의 미국 학생들은 갈릴레오의 논리적 주장을 더 선호했다(참고로 미국 학생들의 경우에도 오직 60%만이 갈릴레오의 논거를 선호했다는 것을 밝혀둔다). 신의 존재에 관한 주장들에 대해서도 대다수의 중국 학생들은 종합적인 주장을 선호한 데 반해, 대다수의 미국 학생들은 논리적 주장을 선호했다.

만일 동양인과 서양인이 표면적으로 분명 모순되는 두 명제를 만난다면 어떤 반응을 보일까? 서양인들이 논리적인 사고를 한다면, 그들은 그 모순을 해결하기 위해 그중 하나의 명제만을 옳은 것으로 선택할 것이다. 그러나 동양의 변증법적인 접근 방식에 따르면, 동양인들은 두 명제 모두에서 나름의 진리를 도출해내어 중용을 추구하고자 할 것이다. 이를 검증하기 위해 펑카이펑과 나는 미시간대학 학생들과 베이징대학 학생들에게 일련의 연구 결과들을 제시했는데, 첫 번째 조건의 참가자들에게는 어떤 연구에서 p라는 결과가 나왔다라는 내용을, 두 번째 조건의 참가자들에게는 어떤 연구에서 p와 반대되는 q라는 결과가 나왔다라는 내용을, 세 번째 조건의 참가자들에게는 두 연구가 수행되었는데 하나는 p, 다른 하나는 q라는 결과를 얻었다라는 내용을 제공했다. 여기서 p와 q는 논리학적인 의미에서 완벽하게 서로 모순되는 것은 아니지만, 적어도 하나가 참일 경우 다른 하나가 참일 가능성이 상당히 희박해 보이는 관계에 있었다. 아래의 두 진술은 비교적 분명하게 모순관계에 있는 경우이다.

진술 A 한 사회 조사 연구에서, 나이가 많은 복역수일수록 심각한 강력 범죄를 범하여 장기 징역을 살고 있는 사람들이라는 결과가 발표되었다. 따라서 연구자들은 '교도소 수감 인원이 아무리 많더라도 이들만은 감옥에 계속 수감해야 한다'라고 결론지었다.

진술 B 교도소 수감 인원의 만원 사태에 대한 한 보고서는 나이가 많은 복역수들은 새로운 범죄를 저지를 가능성이 적다고 지적했다. 그러므로 수감 인원 증가 위기라는 문제에 봉착하게 될 경우 그들을 가장 먼저 석방해야 한다고 결론지었다.

반면에 아래의 진술 한 쌍은 논리적인 의미에서 반드시 모순이라고 할 수는 없다.

진술 A 한 사회심리학자는 청소년층에 대한 연구를 통해, 가족에게 친밀감을 느끼는 사람들이 보다 만족스런 사회 관계를 맺는다고 주장했다.

진술 B 한 발달심리학자는 청소년층에 대한 연구를 통해 부모에게 의존하지 않고 가족에 대한 유대감이 약한 사람일수록 보다 성숙하다고 주장했다.

논리적 모순을 수반하는 것은 아니지만, 만약 가족에게 친밀감을 느끼는 청소년들이 보다 만족스런 사회 관계를 맺는 것이 사실이라면 가족에 대한 유대감이 약한 청소년들이 그렇지 않은 경우보다 더 성숙하다는 말은 믿기가 어려워진다.

참가자들은 각 진술의 설득력을 평가했다. 이 실험에서 가장 중요한 관심사는, p가 더 설득력이 있는 주장이고 q가 설득력이 떨어지는 주장이었을때, p와 q 결과를 모두 읽은 참가자들과 그중 하나만을 읽은 참가자들이 어떤 차이를 보일까 하는 것이었다. 적어도 분명한 것은 설득력이 낮은 주장의 경우에 그것만을 읽은 사람보다는, 그 반대 주장을 함께 읽은 사람들이 그것을 덜 수용할 것이라는 점이다. 왜냐하면 그보다 더 강한 주장이 존재함을 알게 되었기 때문이다. 이는 피험자가 고도의 논리적 사고를 하는 경우에 예상할 수 있는 패턴이며, 연구 결과 미국인들은 정확히 그런 반응 패턴을 보였다.

그러나 만일 변증법적 원리를 따른다면, 서로 모순되는 두 주장이 동시에 제시될 때 두 주장 모두 나름대로 일리가 있다고 판단하고 둘을 동시에 수용하는 경향을 보일 것이다. 따라서 설득력이 낮은 주장이 단독으로 제시될 때보다 그 반대 주장과 함께 제시될 때 그 주장에 대한 수용 정도가 높아지리라는 예측이 가능하다. 연구 결과, 중국인들은 이와 일치하는 반응 패턴을 나타냈다.

한편 설득력이 강한 주장이 설득력이 약한 반대 주장과 제시되면 미국인들의 경우에는 설득력이 강한 주장에 대한 신뢰가 훨씬 강해지는 극화 현상을 보였다. 그들은 어려서부터 습관적으로 반대 주장(counterargument)을 만들어내는 것에 익숙해 있기 때문에 설득력이 약한 주장에 대하여 나름대로의 반대 주장을 만들어내고, 따라서 설득력이 강한 반대 주장에 대한 신뢰도가 높아지게 된다. 실제로 미국인들이 중국인들보다 반대 주장을 더 많이 생성한다는 연구 결과가 존재한다. 미국인들은 자신이 믿고 싶은 주장과 반대되는 주장의 설득력이 약한 경우 그것을 철저히 논파하여 자기 주장에 대한 확신을 자연스럽게 증가시킨다. 그러나 중국인들은 이러한 경우에도 두 주장 모두를 동시에 수용하는 타협 패턴을 보인다.

모순을 해결하는 방식에서의 이와 같은 차이는 실제 소비자 선택에서도 그대로 나타난다. 경영학자인 브라일리, 모리스, 그리고 사이먼슨은 미국인과 홍콩인의 소비자 행동을 연구했다. 그들은 참가자들에게 오직 두 가지 특성만 다르고 나머지 특성은 모두 동일한 세 개의 물건들을 제시하고 그중 하나를 선택하게 했다. 예를 들어, 컴퓨터의 경우 IBM사는 소니 사나 애플 사보다 하드드라이브 용량에서 우월하고 애플 사는 IBM사와 소니 사보다 RAM에서 우수하며, 소니 사는 항상 IBM사와 애플 사의 중간 정도인 것으로 제시되었다. 이 세 물건들 중에서 하나를 선택하게 하자 미국인들과 홍콩인들은 거의 비슷한 정도로 중간에 해당하는 소니 사를 선택했다. 이때 한 실험 조건에서 참가자들에게 선택의 이유를 설명하게 했다. 이 절차로 인해 미국인들은 자신의 선택을 정당화할 수 있는 어떤 분명한 원칙('RAM이 하드드라이브 용량보다 더 중요하다')을 찾게 되고, 동양인들은 절충안 혹은 타협안('RAM과 하드드라이브 용량 모두 중요하다')을 추구하게 될 것이었다.

자료 분석 결과, 이러한 예상은 정확하게 맞아 떨어졌다. 자신의 선택을 정당화하게 했을 때, 동양인 참가자들 사이에서는 중간에 해당하는 물건을 더 선호하는 타협 현상이 더 증가했으나, 미국인들에게서는 오히려 중간치를 회피하는 현상이 발견되었다.

이런 결과들에 근거하여 볼 때, 동양인들은 타협에 의한 해결책과 종합적인 주장을 선호하며 서로 상충되는 것처럼 보이는 두 개의 모순된 주장을 자연스럽게 모두 수용하는 경향이 있는 듯하다. 또한 스스로의 선택을 정당화해야 할 때에는, 명백한 원리에 의존하기보다는 절충점 혹은 중도적 입장을 추구한다. 비모순의 원리에 충실한 미국인에게서는 좀처럼 나타나지 않는 현상이다. 그러나 비모순에 대한 혐오에 가까운 미국인들의 반응은 때로 불필요하게 극단적인 판단을 내리게 만든다. 이러한 경향성은 동서양 철학자 모두가 염려하는 서양의 극단적인 논리주의의 병폐라고 할 수 있다.

동양 사람들은 왜 점 보는 것을 좋아할까?

만약 당신이 어떤 사람에게, "당신은 전반적으로 낙천적인 성격을 가지고 있습니다. 그러나 왜 그런지 알 수는 없지만 때때로 울적한 기분에 빠지기도 하는군요"라든지, "대부분의 사람들은 당신을 외향적인 사람으로 생각하겠지만, 사실 당신의 마음 깊은 곳에는 내성적인 면도 있군요"라고 말해주면, 그들은 당신을 성격을 꿰뚫어 보는 통찰력의 소유자로 여길 것이다. 그러나 당신이 그런 찬사를 들을 수 있는 이유는 당신이 특별한 능력이 있어서가 아니라 당신이 한 말이 거의 모든 사람에게 적용되는 사실이기 때문이다. 사람들은 누구나 낙천적이면서도 때로는 우울해 하고, 사교적이면서도 한편으로는 다소 내성적인 면을 가지고 있다. 그럼에도 불구하고 사람들은 이런 뻔한 말을 해주는 심리학자나 점술가, 혹은 누가 되었든 간에 그 사람을 '족집게'로 믿는다. 심리학에서는 이를 '바넘 효과(Barnum effect)'라고 부른다. 이 말은 '쉽게 속아 넘어가는 얼치기는 매순간 태어난다'라는 표현을 했던 어떤 서커스단 주인의 이름인 바넘에서 기인한 것이다.

사회심리학자인 최인철은 사람들이 이러한 성격 기술문 안에 교묘하게 숨겨져 있는 모순을 알아채지 못하기 때문에 바넘 효과가 발생한다고 주장했다. 즉, '외향적이지만 내성적이다'라는 주장 속에 담겨진 모순을 자연스럽게 받아들이기 때문이라는 것이다. 만일 이 주장이 사실이라면, 동양인이 서양인에 비해 바넘 효과에 더 취약할 것이다. 이를 검증하기 위해서, 최인철은 한국인과 미국인에게 스스로의 성격에 관한 여러 가지 질문을 했다. 그중 어떤 질문들은 누가 보더라도 상반되는 특질을 측정하기 위한 것이었다. 예를 들어, 최인철은 참가자들에게 그들이 얼마나 무례한지 평가하게 하고, 설문지의 다른 부분에서는 그들이 얼마나 공손한지 평가하게 했다. 이런 상황에서 미국인들의 경우, 첫 번째 질문에 대하여 '다른 사람보다 덜 무례하다'라고 답하였으면 두 번째 질문에 대하여 '다른 사람보다 더 공손한 편'이라고 대답하는, 논리적으로 매우 일관성 있는 반응을 보였다. 그러나 한국인들은 첫 질문에 대하여 '다른 사람들과 비슷한 정도로 무례한 편'이라고 답한 경우에도 두 번째 질문에 대하여 '다른 사람들에 비해 좀더 공손한 편'이라고 대답하는 모순된 반응을 나타냈다.

이러한 문화적 차이를 더 분명하게 증명하기 위하여 최인철은 한국과 미국 참가자들에게 명백하게 모순 관계에 있는 많은 진술문들을 제시했다. 예를 들면, 다음과 같은 문장들이 제시되었다.

1 한 사람의 특성은, 그의 운명이다.

2 한 사람의 특성은, 그의 운명이 아니다.

1 많이 알면 알수록, 더 믿게 된다.

2 많이 알면 알수록, 덜 믿게 된다.

최인철은 진술 1을 일부 참가자들에게, 진술 2는 다른 참가자들에게 주고 제시받은 진술문에 동의하는 정도를 표시하게 하였다. 그 결과, 미국인들의 경우에는, 진술문 1을 받은 사람들이 그 진술에 동의하는 경향을 보였다면, 진술문 2를 받은 사람들은 그 진술에 동의하지 않는 매우 일관된 경향을 보였다. 그러나 한국인에게서는 이러한 논리적 일관성이 발견되지 않았다. 한국인들은 자신들에게 제시된 진술이 어느 것이었든 간에, 그 진술에 모두 동의하는 경향을 보였던 것이다.

동양인들은 왜 기쁨과 슬픔을 동시에 경험하는 것일까?

윌리엄 버틀러 예이츠(William Butler Yeats)의 「라피스 라줄리 Lapis Lazuli(한국에서는 「유리구슬」 혹은 「유리」란 제목으로 번역)」라는 시가 있다. 이 시는 어떤 사원의 처마 밑에 서 있는 두 명의 중국 노인이 새겨진 보석을 묘사하고 있다.

저기, 산과 하늘을,

그 모든 비극적인 장면을 그들은 바라본다.

한 사람이 구슬픈 곡조를 청하면

능숙한 손가락은 연주를 시작한다.

주름이 많이 진 그들의 눈, 그들의 눈,

그들의 오랜, 빛나는 눈은, 즐겁다.

예이츠가 중국인을 그리면서, 모순되는 감정을 강조한 것은 매우 적절해 보인다. 왜냐하면 대립적인 정서의 동시다발적 경험은 동양인들의 보편적인 특성이기 때문이다. 펑카이핑과 그 동료들은 일본과 미국의 실험 참가자들에게 갖가지 얼굴 표정을 보여주고, 그 표정들이 어떤 정서를 표현하고 있는지 말하게 했다. 그 결과 미국인들은, 얼굴의 표정들이 기쁨 아니면 슬픔 중 하나를 나타내는 것으로, 또한 분노나 두려움 중 하나를 나타내는 것으로 판단하였다. 미국인들의 경우에는 긍정적인 정서를 표현하고 있다고 생각할수록, 부정적인 정서를 보고하는 비율이 줄어들었다. 하지만 매우 흥미롭게도, 일본 참가자들은 이와는 다른 결과를 보여주었다. 이들 중 대다수가 같은 얼굴에서 긍정적인 정서와 부정적인 정서 모두를 보았다고 보고하는 것이었다.

또한 동양인들은 자신도 모르게 서로 모순되는 두 정서를 동시에 경험하는 것처럼 보인다. 조직심리학자인 리처드 바고지(Richard Bagozzi), 낸시 왕, 그리고 이유재는 중국, 한국, 미국의 실험 참자들에게 '어느 순간의 자신의 정서적 상태'와, '전반적인 자신의 정서 상태'에 대하여 평가하게 했다. 대부분의 미국 참가자들은 일관되게 긍정적 정서를 보고하거나, 일관되게 부정적 정서를 보고했다. 그러나 중국과 한국 참가자들에게서는 긍정적 정서와 부정적 정서의 강도 사이에 어떠한 연관도 발견되지 않았다. 그들에게는 긍정적 정서가 충만한 경험과 부정적 정서가 충만한 경험이 완전하게 양립하고 있었다. 공자는 "사람은 가장 행복하다고 느끼는 바로 그 순간 슬픔을 동시에 느낀다"라고 했는데, 이는 동양인들을 두고 한 말이 틀림없다.

그럼에도 불구하고 동양인이 수학을 잘하는 비결은?

비논리적 사고를 한다고 여겨지는 동양인들이 어떻게 수학과 과학에서 미국인들보다 더 뛰어날 수 있을까? 얼핏 보면, 동양인들이 미국인들보다 수학과 과학을 더 잘한다는 사실이 지금까지의 나의 주장과 모순되는 것처럼 보인다. 하지만 그렇지 않다.

첫째, 동양인들이 형식 논리 자체에 약한 것은 아니다. 우리가 연구를 통해 주장하고자 하는 바는 형식 논리와 개인적인 경험이 충돌하는 상황에서 동양인들이 형식 논리를 덜 사용한다는 점이다. 논리적 사고 능력 자체에서 차이가 나는 것은 아니라는 사실을 잊어서는 안 된다.

둘째, 동양인들이 모순에 대해 덜 민감하고 중용에 지나치게 집착해서 논리적 오류를 범하기도 하듯이, 서양인들의 모순에 대한 지나친 혐오 역시 논리적 오류를 초래할 수 있다.

셋째, 실제로 동양인들이 수학에서 두드러지기 시작한 것은 상당히 최근의 일이다. 젊은 층과 장년층의 중국인과 미국인을 대상으로 수학적 성취도를 평가하는 실험에서 젊은 층에서만 중국인이 미국인을 앞질렀고, 장년층에서는 별 차이가 없었다.

넷째, 동양에서 이루어지는 수학 교육 방식이 미국의 방식보다 우수하며(이러한 측면에서 동양의 수학 교육의 우월성은 유럽과 비교할 때에는 덜 두드러지는 편이다), 실제로 동양 학생들이 미국 학생들보다 절대적인 양의 관점에서 더 열심히 공부한다. 미국과 동양 모두에서 동아시아의 문화 배경을 지닌 아이들이 유럽계 미국 아이들에 비해 훨씬 더 수학과 과학에 노력을 많이 기울인다. 미국인들은 능력이란 애초부터 주어진 것이거나 아니면 없다고 생각하기 때문에 어떤 능력이 결여되어 있는 사람은 아무리 노력해도 별 수 없다는 생각이 사회 전반에 팽배해 있다. 그러나 동양인들은 적절한 환경에서 최선의 노력을 다하면 누구라도 수학을 잘할 수 있다고 믿는 경향이 있다.

이런 점에 근거해볼 때, 수학과 과학에서 나타나는 동양인들의 우월함은 역설적이긴 해도 절대 모순적인 것은 아니다.

지금까지 나는, 동양인과 서양인이 여러 가지 측면에서 매우 다르다는 증거를 제시했다. 즉, 동양과 서양은 우주의 본질에 대한 근본적 가정이 다르고, 어디에 주의의 초점을 두는지도 다르고, 변인들 사이의 관계를 지각하는 능력과 복잡한 환경에 놓여 있는 사물을 구별하는 능력에서 다르고, 행동의 원인을 설명하는 방식에서 다르고, 세상을 범주로 파악하는지 아니면 관계로 파악하는지의 여부에서도 다르고, 마지막으로 형식 논리의 규칙을 포함한 '규칙'을 사용하는 정도에서 다르다. 이런 증거들을 전제로 다음과 같은 중요한 질문을 던질 수 있다. 과연 이러한 차이는 실제 생활에 중요한가? 이러한 차이는 앞으로도 계속 유지될 것인가? 이러한 차이의 기원은 무엇인가?

The Geography of Thought :

How Asians and Westerners Think Differently...and Why

7

동양과 서양의 사고 방식의 차이,
그 기원은?

농경이 주산업이었던 중세에는 서양도 그리 개인주의적이지 않았다. 그 당시의 유럽 농부들은 사고 방식이나 사회적 행동 양식에서 중국의 농부들과 크게 다를 바가 없었다.

동양과 서양의 사고 방식이 왜 이렇게도 다른지 궁금해서 한 중국 철학자에게 그 이유를 물어본 적이 있다. 그 철학자는 농담조로 "그야 서양에는 아리스토텔레스가 있었고 동양에는 공자가 있었기 때문 아니겠소?"라고 대답하는 것이었다.

물론 그 철학자의 지적대로 공자와 아리스토텔레스는 동양과 서양의 지적·사회적·정치적 영역에 엄청난 영향을 주었다. 하지만 그들을 동서양 사고 방식 차이의 근본적인 원인으로 볼 수는 없다. 오히려 그 두 사람을 동서양 사고 방식의 산물로 보는 것이 옳다. 만일 두 사람의 사상 안에 각각 동양과 서양의 사고가 반영되어 있지 않았다면, 그들의 사상이 그들이 속한 사회에 그렇게 큰 영향을 미쳤을 리가 없기 때문이다.

고대 그리스와 고대 중국 사이에 왜 그렇게도 큰 차이가 존재했는지에 대해 학자들은 대개 다음과 같은 설명을 제기하고 있다. 동시대의 어떤 문화보다도 개인의 자유, 개성, 객관적인 사고를 강조했던 그리스 문화의 특성은 그리스의 독특한 정치 형태, 즉 도시 국가 형태의 정치 구조와 공회 정치에 기인한 것이다. 그리스의 도시 국가 형태는 매우 특별한 의미를 갖는다. 저항적인 지식인들은 한 도시를 피해서 자유롭게 다른 도시로 이동할 수 있었고, 이 덕분에 개인의 자유로운 지적 탐구가 가능했다. 실제로 어떤 도시에서 홀대받던 명망 있는 사상가들이 다른 도시의 스카우트 대상이 되기도 했다. 소크라테스의 추종자들도 소크라테스에게 앉아서 사형을 당하느니 다른 도시로 떠날 것을 종용했다. 그가 그렇게 마음만 먹었다면 다른 도시에서 열렬히 환영했을 것이다.

고대 그리스의 독특성을 설명할 수 있는 또 다른 요인은 해안가라는 위치이다. 그리스는 해안가에 위치해 있었기 때문에 무역을 중요한 산업 수단으로 삼았다. 그 덕분에 자녀를 교육시킬 수 있는 경제적 능력을 지닌 상인 계층이 자연스럽게 형성되었다. 중국에서는 교육이 부와 권력을 획득하는 수단이었기 때문에 자식을 교육시키는 것이 당연한 일이었지만, 고대 그리스의 교육은 부나 권력과는 그리 관련이 없었다. 이런 측면에서 고대 그리스 상인 계층의 교육열은 주목할 만하다. 학자들은 그러한 교육열이 그리스인들의 호기심이 발현된 것이며 지식 자체를 중시하는 풍토 때문에 가능했다고 설명한다. 지리적 특성상 그들은 다른 사람, 다른 관습, 다른 사고를 자연스레 접할 수 있었다. 다른 민족, 다른 종교, 다른 정치적 체계와의 접촉은 자연히 그들의 호기심을 자극했다. 그런 그들에게 필요한 것은 바로 그러한 차이, 즉 모순을 해결하는 방법이었다. 그들은 A라는 주장을 하는 사람, 그리고 그 반대인 not-A를 주장하는 사람도 빈번하게 접해야 했다. 이러한 모순을 해결하기 위한 수단으로서 고대 그리스는 형식 논리를 개발하게 되었다.

고대 그리스와는 달리 고대 중국에서는 문화적 동질성이 매우 강했다. 오늘날의 경우를 보아도 중국인의 약 95%는 한족 출신이며, 50여 개가 넘는 소수 민족들은 거의 대부분이 중국의 서부에 한정되어 거주하고 있다. 따라서 서부가 아닌 지역에 사는 중국인들이 다른 풍속을 접할 기회란 거의 없었다. 중국의 인종적 동질성은 상당 부분 중국의 중앙집권적 정치 권력에서 기인한다. 그와 더불어 서로 얼굴을 맞대고 생활하는 촌락 생활은 조화와 화목을 중시하는 행위 규범을 만들어냈다. 생각이 다른 사람을 만날 기회도 없는 데다가 남들과 다른 의견을 내세웠다가는 위로부터 혹은 동료들로부터 심한 제재를 당했던지라, 중국인들은 서로 다른 주장들 중 더 타당한 것을 결정하는 절차를 만들 필요가 거의 없었다. 대신에 불협화음을 없애고 서로간에 합의점을 찾는, 즉 중용의 도를 찾는 것이 중요한 목적이 되었다.

사고 방식과 사회 구조의 관계

동서양 사고 방식 차이의 가장 근본적인 출발점은 고대 중국과 그리스의 서로 다른 생태 환경이다. 두 문화의 상이한 생태 환경은 서로 다른 경제적·정치적·사회적 체제를 초래했다. 아래 그림은 나를 포함한 대부분의 학자들이 동의하는 인간 사고의 문화적 근원에 관한 견해를 보여준다. 그 오른쪽 그림은 내 중국인 대학원생이 왼쪽 그림이 지나치게 선형적이고 서구적이라고 비판하며 대안

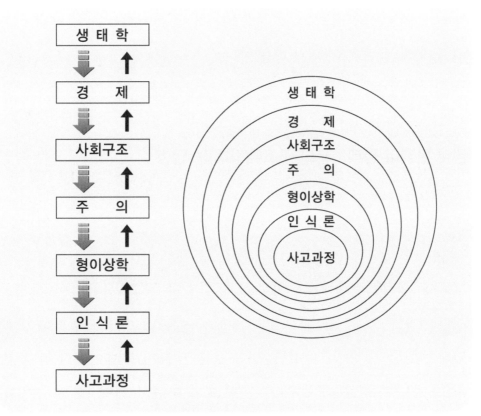

사고 과정에 영향을 끼치는 요인들의 도식

으로 제시한 것이다.

이 그림에 나타난 설명은 문화적 현상을 물질적 현상으로 설명한다는 점에서 기본적으로 유물론적이다. 이런 접근이 결정론적이라고 비판하는 사람도 있겠지만, 문화에 대한 유물론적 접근이 문화적 현상을 필연적인 것으로 보는 것은 아니다. 단지 다른 조건들이 동일할 때, 물질적 요인이 경제적 요인과 문화적 요인에 큰 영향을 준다는 의미일 뿐이다. 어떤 의미에서 내가 제시하는 설명은 오히려 비유물론적일 수도 있다. 왜냐하면 나는 사고 습관을 결정짓는 가장 중요한 요인으로서 사회적인 요인을 지목했는데, 그 사회적 요인들을 결정하는 것은 유물론에서 이야기하는 것처럼 반드시 경제적인 것은 아니기 때문이다.

생태 환경이 경제·사회 구조에 미치는 영향

중국의 자연 환경은 대체로 평탄한 농지, 낮은 산들, 항해가 가능한 강들로 이루어져 있어서 농경에 적합하였고, 중앙집권적 권력 구조에 유리하였다. 농경민들에게 중요한 것은 서로간의 화목한 생활이었다. 특히 쌀농사의 경우에는 공동 작업이 필수적이기 때문에 더욱 그러했다. 사람들 간의 화목은 관개 공사의 경우에 특별히 더 중요하다. 관개 공사가 절실히 필요했던 지역 중 하나가 바로 중국 북부의 황하 골짜기 지역이었다. 관개 공사는 이웃과의 화목뿐만 아니라 정치적으로는 중앙집권적 권력 구조를 유도하게 되는데, 중국도 예외는 아니었다. 소작농들은 자신들의 이웃과 화목하게 지내야 했고, 자기 부락의 연장자들이나 권력자들의 지배를 받아야 했다. 그리고 지역의 권력자들은 다시 왕(통일 중국 이후는 황제)의 지배하에 있었다. 이처럼 중국인들은 그들의 생태 환경으로 인해 매우 복잡한 사회적 제약 속에 살게 되었던 것이다.

그러나 그리스의 자연 환경은 그와 대조적이었다. 그리스는 해안까지 연결되는 산으로 이루어진 나라이기 때문에 농업보다는 사냥, 수렵, 목축, 그리고 무역(정확히는 해적)에 적합했다. 이런 일들은 농업에 비해 다른 사람과의 협동을 덜 필요로 한다. 실제로 무역을 제외하고는 굳이 안정적인 공동체가 필요없다고 할 수 있다. 농경 정착 생활이 그리스에 도입된 것은 중국보다 거의 2,000년이나 뒤였으며, 도입된 이후에도 사람들의 일상 생활과 밀접하게 관련되기보다는 상업적인 대규모 농경으로 빠르게 변화되었다. 실제로 기원전 6세기경에 이르렀을 때 많은 농부들은 사업가적 성격을 지닌 개인 단위의 농장주였으며, 중국에서처럼 소작농은 아니었다. 그리고 그리스의 토양과 기후는 농경보다는 포도주와 올리브유 생산에 더 유리했다. 이런 이유들 때문에 고대 그리스인들은 고대 중국인들과는 달리 모든 희생을 감수하면서까지 남들과의 화목을 유지할 필요가 없었고, 따라서 보다 더 많은 영역에서 자율권을 행사할 수 있었다. 그리하여 시장이나 공회에서 다른 사람들과 자유롭게 논쟁하는 습관도 기를 수 있었다.

사회 구조가 주의와 형이상학적 신념에 미치는 영향

중국인들은 경제적·정치적·사회적 활동을 하기 위해서 한편으로는 밖으로 주의를 기울여 다른 사람들의 반응을 살펴야 했고, 또 한편으로는 위로 눈을 돌려서 권위자들의 눈치를 살펴야 했다. 이처럼 끊임없이 사회적 상황에 대해 주의(attention)를 기울이는 습관은 '전체 맥락'에의 주의를 초래했다. 또한 인간 관계에 대한 관심은 사물들 간의 '관계 일반'에 대한 민감한 고찰로 이어졌다. 헤이즐 마커스와 시노부 기타야마가 주장하듯이, 자신을 전체 사회 맥락의 한 부분으로 파악하고 나면 다른 모든 사물도 그것이 포함된 전체 맥락 속에서 파악하려는 경향이 생긴다. 이는 결국 중국인들의 민속 형이상학, 즉 인간 세상과 자연계의 본질에 대한 신념이 사회적 관계에 주의를 기울이는 습관에서 비롯되었음을 의미한다. '자신'을 사회적 의무와 인간 관계들로 이루어진 커다란 네트워크 속에서 파악하면, 당연히 이 우주는 독립적이고 불연속적인 원자들의 결합이 아니라 연속적인 관계들의 유기체로 인식된다. 따라서 어떤 현상의 원인을 설명할 때에도, 개별적인 개체들의 내부 속성으로 설명하기보다는 그 개체가 속한 전체 맥락과의 관계 속에서 설명하려고 한다. 그리고 전체 맥락에 주의를 기울이다 보면 세상의 복잡성과 가변성을 인식하게 되고, 세상의 많은 변인들 사이에 존재하는 모순들도 인정하게 된다.

　그러나 고대 그리스인들은 사람이나 사물을 파악할 때 그것이 속한 전체 맥락과의 관계를 고려하기보다는 사람 자체, 사물 자체에 주의를 돌렸다. 농업이 주산업이 아니었으므로 굳이 다른 사람과의 협의를 거치지 않고도 스스로 가축 칠 곳을 계획하고 새로운 상품을 팔 것인지를 결정할 수 있었다. 이러한 이유로 그리스인들은 사물 자체에 초점을 두었고, 사물과 사물 사이에 존재하는 공통의 규칙을 범주화하려고 노력했다. 현상의 원인을 설명할 때에도 사물 자체의 내부 속성을 주로 고려했다. 결국 세상은 사물들로 구성되어 있고 각 사물의 행동은 그 사물의 내부 속성에 의해 결정되므로, 그들에게 세상은 비교적 안정적이고 고정된 곳이었다.

결론적으로 고대 중국인과 고대 그리스인이 상이한 형이상학적 신념을 가지게 된 것은, 중국인들은 주변 환경과 전체 맥락에 주의를 기울인 반면 그리스인들은 사물 자체에 주의를 돌렸기 때문이다.

민속 형이상학이 인식론과 사고 과정에 미친 영향

만일 세상에서 발생하는 여러 현상들의 원인을 사물들 간의 '관계'로 생각한다면, 당연히 전체와 부분과의 관계를 파악하는 것이 지식을 습득하는 중요한 방법이 된다. 그리고 주의 과정, 지각 과정, 추론 과정은 그 사건과 다른 모든 사건들 간의 관계에 초점을 두는 형태로 발달한다. 그러나 이와는 반대로, 우주에서 발생하는 사건들이 사물 자체의 규칙과 범주에 의해 이해될 수 있다고 믿는다면,

전체 맥락에서 특정 사물을 분리해내고 그 사물이 어떤 범주에 속하는지 추론하여 그 범주에 적용되는 규칙을 사용할 것이다.

앞에서는 사회적 행위(관계 중심적 사회 행위와 자율 중심적 사회 행위)가 형이상학적 신념에 영향을 주고 이 형이상학적 신념이 인식론적 사고에 영향을 주는 과정을 기술했다. 그러나 사회적 행위들이 곧바로 인식론적 사고 습관에 영향을 줄 수도 있다. 고대 중국의 변증법적 사고와 고대 그리스의 논리학은 사회적 갈등의 해결을 위해 개발된 인지적 도구들이다. 조화와 화목을 중시하는 문화에서는 논쟁이나 대결의 전통이 생겨나기 어렵기 때문에 어떤 관점의 차이가 발견되면, 모순을 뛰어넘는 중용의 도를 찾으려 한다. 그러나 자유로운 논쟁이 장려되는 사회에서는 '비모순율'이나 '형식 논리' 같은 절차들이 자연스럽게 개발된다. 논리학이 발달되면 그것은 자연스럽게 과학의 발달로 이어진다. 물리학자이자 과학사가인 앨런 크로머(Alan Cromer)는 이 점에 대해 이렇게 기술했다.

과학은 어떻게 보면 수사학의 일종으로 볼 수 있다. 그것은 유일하게 그리스에서만 발달되었는데, 그 까닭은 그리스의 공회가 논쟁의 기술을 매우 중시했기 때문이다······ 기하학적인 증명은 궁극적으로 수사학적 형태를 띠고 있다.

결론적으로, 두 문화의 사고 방식의 기원은 다음과 같이 간단하게 설명될 수 있다. 즉, 두 사회의 생태 환경이 경제적인 차이를 가

저왔고, 이 경제적인 차이는 다시 사회 구조의 차이를 초래했다. 그리고 사회 구조적인 차이는 각 사회를 유지하기 위한 사회적 규범과 육아 방식을 만들어냈고, 이는 환경의 어떤 부분에 주의를 기울여야 하는지를 결정했다. 그리고 서로 다른 주의 방식은 우주의 본질에 대한 서로 다른 이해(민속 형이상학)를 낳고, 이는 다시 지각과 사고 과정(인식론)의 차이를 가져왔던 것이다.

그러나 앞의 그림에서와 같이 모든 과정이 생태 환경으로부터만 시작되는 것은 아니다. 어떤 사회나 조직으로 하여금 주변 사람들에게 민감하게 만드는 여러 다른 이유, 예를 들면, 경제적인 이유도 있을 수 있다. 반대로 사물 자체와 자신의 목표에만 관심을 기울이도록 유도하는 경제적 이유가 있을 수 있다. 예를 들어, 현대의 기업이나 벤처에서는 굳이 다른 사람들의 눈치를 살피거나 감독을 받을 필요가 없고 자신이 설정한 구체적인 몇 가지 목표에만 전념하면 된다. 이 경우 다른 사람들을 신경 쓰는 것보다는 무시하는 것이 결과적으로 도움이 된다. 경제적인 이유 외에 종교적인 이유도 있을 수 있다. 예를 들어, 매우 응집력이 강한 종교 공동체는 다른 사람들과의 조화를 강조하는 행위 규범을 가지고 있기 때문에 굳이 경제적인 이유가 아니더라도 사람들이 관계에 민감하도록 만들 수 있다.

사고의 문화적 기원에 대한 증거들

사고 방식이 경제·사회적 요인에 의해 결정된다는 설명은, 서양 내에서 발생했던 몇 가지 중요한 변동들과도 잘 들어맞는다. 예를 들어, 농경이 주산업이었던 중세에는 서양도 그리 개인주의적이지 않았다. 그 당시의 유럽 농부들은 사고 방식이나 사회적 행동 양식에서 중국의 농부들과 크게 다를 바가 없었다. 그러나 중세가 끝나갈 무렵 유럽은 농경 방식을 획기적으로 바꾸게 된다. 말을 이용한 쟁기를 사용하기 시작하면서부터 잉여자본이 축적되고, 그 결과 도시 국가 형태와 같은 무역 중심지가 생겨나기 시작했다. 이탈리아의 도시 국가들이나 그보다 더 북부의 도시 국가들은 상당한 자유를 누렸고, 중앙 권력으로부터도 어느 정도 독립되어 있었으며, 그중 많은 국가들이 이미 민주주의 형태의 정치 구조를 가지고 있었다. 충분한 부를 갖춘 도시 국가의 재출현은 필연적으로 개인주의, 합리주의, 그리고 과학의 부활을 초래했다. 15세기에 이르러 유럽은 마침내 무기력의 상태에서 깨어나, 거의 모든 영역에서 중국의 업적을 따라잡기 시작했다.

15세기에 발생한 한 사건은 그 당시 유럽과 중국의 차이를 여실히 보여준다. 중국에서 대환관(大宦官, Grand Eunuch) 항해단이 조직되었는데, 이 항해단은 글자 그대로 수백 척의 배에 보석과 각종 기이한 것들을 싣고 아시아 일대, 중동, 그리고 서아프리카까지 항해했다. 이들의 주된 목적은 중국이 다른 나라보다 모든 면에서 더 뛰어나다는 점을 과시하는 것이었다. 그들은 방문하는 각 나라에서 생산되는 물건이나 지식 자체에는 큰 관심을 보이지 않았다. 심지어는 서아프리카 주민들이 그들을 환영하면서 기린을 보여주었더니 처음 보는 신기한 동물임에도 불구하고 별로 놀라워하지 않았다. 그리고 그 동물의 이름을 '기린(麒麟)'이라고 부르면서 위대한 황제가 태어나면 그것을 알리는 전조로 으레 그런 동물이 나타난다며 그리 대수롭지 않게 반응했다고 한다. 새로운 풍물에 특별히 호기심을 보이지 않는 것은 고대 중국의 특징 중 하나였다. '세상의 중심'을 뜻하는 '중국'이라는 이름에서도 알 수 있듯이, 중국인들은 외국인이 전해주는 이야기에 별 관심이 없었다. 중국의 지적 역사에서 지식 자체를 추구하는 전통은 약했고, 심지어 현대의 중국 철학자들도 현실 세계에 응용할 수 없는 추상적인 이론 작업에는 별 관심을 보이지 않는다.

15세기 이후부터 현재에 이르기까지 유럽이 이루어낸 지적 성취의 속도는 단순히 생태적·지리적 요인만으로는 설명하기 어렵다. 유명한 재레드 다이아몬드(Jared Diamond)가 『총, 균, 쇠 Guns, Germs, and Steel』에서 시도한 그런 설명은 유용하지만 완벽하지는 않다. 물론 자율적인 의견 제시를 제한하고 개인의 주도성을 억제하는 것이 중국의 생태 환경에서 더 쉬웠겠지만, 그리스에서의 자유로운 탐색과 과학의 발전이 그러한 물리적 요인에만 기인한다는 설명에는 무리가 있어 보인다. 15세기 이전에도 유럽에는 그러한 가치와 사고 방식이 이미 존재하고 있었기 때문이다. 예를 들어, 마틴 루터가 교회의 권력에 대항하는 95개조 반박문을 발표한 것은 지리적인 용이성에 힘입었던 점도 있지만 그보다는 유럽의 새로운 인간형 때문에 가능했다. 그 새로운 인간형이란 인간을 거대 조직에서 떼어내어 독립적이고 자유롭게 사고하는 존재로 파악하는 관점이었다. 갈릴레오와 뉴턴이 위대한 발견을 할 수 있었던 것은 그다지 사고의 제약을 가하지 않은 사회 구조적인 원인도 있었겠지만 그들의 호기심과 비판적인 사고 습관 때문이었다.

20세기의 심리학자들은 경제·사회적 요인들이 사람들의 지각 습관에 영향을 미칠 수 있음을 경험적으로 보여주었다. 심리학자인 허먼 윗킨스(Herman Witkins)와 그 연구팀은 '장의존성(field-dependence)'이라는 개념을 제안했는데, 이는 어떤 사물을 지각할 때 주변 맥락의 영향을 받는 정도를 지칭한다. 장의존성은 다양한 방법으로 측정되는데 그중 가장 이해하기 쉬운 방법이 '숨은그림찾기 검사(Embedded Figures Test)'이다. 이 검사는 복잡한 배경에 숨겨진 사물들을 찾아내는 것으로서, 장의존적인 사람은 주변 배경에 주의를 너무 기울여 숨겨진 사물을 쉽게 찾지 못하지만, 장독립적(field-independent)인 사람은 주변 배경에 영향을 덜 받고 쉽게 사물을 찾아낸다.

만일 지금까지 내가 주장한 내용이 타당하다면, 즉 경제적인 요인들이 사람들의 인지 습관에 영향을 미친다면, 다른 사람과의 관계가 중요한 농경 사회의 사람들은 수렵이나 사냥 사회 같은 그렇지 않은 사회의 사람들보다 더 장의존적이고, 전통적인 농경 사회 사람들이 현대 산업 사회의 사람들보다 더 장의존적일 것이다. 연구 결과, 이러한 예측은 모두 사실로 밝혀졌다. 흥미롭게도 수렵과 사냥을 하는 사람들과 현대 산업 사회의 사람들은 거의 비슷한 정도로 장독립적이다.

또한 동일한 사회 내의 하위 문화들 간에도 차이가 발견된다. 성격심리학자인 재커리 더쇼비츠(Zachary Dershowitz)는 정통(ortho-dox) 유대교의 남자아이들과 현대의 세속화된 유대교 남자아이들의 장의존성 정도를 비교해보았다. 정통 유대교에서는 가족 내에서의 그리고 사회 내에서의 인간 관계의 규범이 분명하고 제약이 심하지만, 현대의 세속화된 유대교에서는 그 정도가 덜하다. 따라서 정통 유대교의 아이들이 더 장의존적일 것이라는 예측이 가능하다. 더쇼비츠는 그에 더하여 신교 아이들의 장의존성도 측정했다. 신교는 유대교보다 사회적 제약에서 훨씬 더 자유롭다. 연구 결과, 예상한 대로 정통 유대교 아이들, 비정통 유대교 아이들, 신교 아이들의 순서대로 장의존적인 것으로 나타났다.

물론 외부에서 주어진 사회적 제약만이 장의존성을 결정한다고 가정할 수는 없다. '다른 사람에 대한 관심'이 장의존성에 영향을 미칠 수도 있다. 실제로 장의존적인 사람은 장독립적인 사람보다 남과 어울리기를 더 좋아하고, 사람의 얼굴을 더 잘 기억하며, 사회적 상황과 관련된 '파티'나 '방문' 같은 단어들도 잘 기억한다. 또한 다른 사람과 더 가까이 앉는 습관이 있다.

The Geography of Thought :

How Asians and Westerners Think Differently...and Why

8

동양과 서양, 누가 옳은가?

"그들은 가까운 친구였지만 연구에 있어서는
극심한 논쟁을 벌였고 심지어 저널을 통하여
공개적으로 서로를 비판하기도 했다. 이는
미국이기 때문에 가능한 일이었다."

우리가 수행한 거의 모든 연구에서
동양인과 서양인은 사고 방식의 차이를 보였고 그 정도 또한 매우 큰
편이었다. 대부분의 경우 그들은 질적으로 아주 다른 방식의 행동 양
상을 보였다. 예를 들어, 미국인들은 배경 속에서 일어난 변화를 발견
하는 데에 어려움을 겪었지만, 동양인들은 배경 속의 사물에서 일어난
변화를 잘 발견하지 못했다. 미국인들은 행동을 제약하는 상황의 힘을
잘 인식하지 못했지만, 한국인들은 이를 매우 잘 인식했다. 대다수의
미국인들은 '규칙'에 의거하여 범주화했지만, 대다수의 한국인들은 유
사성을 근거로 사물들을 짝지었다. 서로 상반되는 주장이 동시에 제시
되었을 때 미국인들은 상대적으로 어느 한쪽 주장으로 극화되었지만,
중국인들은 두 주장을 모두 수용하는 타협을 선택했다.

이러한 문화적 차이가 심리학자들에게 주는 교훈은, 지금까지 서양인들만을 대상으로 수행된 많은 연구에 근거한 '문화 보편성 결론'이 틀린 것일 수도 있다는 점이다. 지각 과정과 인지 과정의 어떤 부분이 문화 보편적이고, 어떤 부분이 문화에 따라 달라지는지는 앞으로 많은 연구를 통하여 논의되어야 할 것이다.

동양과 서양의 차이, 정말로 중요한가?

이 책에서 보고하고 있는 문화 차는 매우 흥미로운 결과들이지만 대부분은 실험실 연구일 뿐 실생활에서도 그와 같은 차이가 발견될 것이라는 보장은 없다고 이의를 제기할 수도 있다. 이 반론은 매우 중요하기 때문에 이 장에서 심도 있게 다루어보고자 한다. 결론부터 이야기하자면, 실생활의 많은 영역에서도 동양인과 서양인은 서로 다르게 생각하고 행동하며, 이러한 차이를 설명하는 데에 '분석적 사고'와 '종합적 사고'라는 틀은 좋은 도구가 될 수 있다.

의학에서의 동서양 차이

서양 의학은 수천 년 전부터 이어져 내려온 분석적 전통을 가지고 있다. 문제를 일으키는 신체 부분을 찾아내어 그 부분을 떼어내거나 고치는 '적극적인 개입'이 서양 의학의 특징이다. 이미 고대 그리스 때부터, 몸을 각 부위별로 해부하기 시작했고, 이런 해부학은 지난 500여 년 동안 눈부신 발전을 거듭해왔다. 그러나 동양 의학에서 '해부'라는 개념은 19세기 전까지만 해도 생소한 것이었다. 동양 의학은 서양 의학보다 훨씬 더 종합적이기 때문에 수술과 같은 적극적인 개입은 거의 하지 않는다. 건강은 몸 안에 존재하는 기들의 균형으로 유지되며, 질병은 약초와 같은 자연산 치료제의 힘으로 치유해야 한다고 믿는다.

법률에서의 동서양 차이

다음의 비율을 한번 생각해보자.

$$\frac{\text{한 나라의 변호사의 수}}{\text{한 나라의 엔지니어의 수}}$$

이 비율은 한 나라의 '엔지니어와 변호사에 대한 상대적 선호'를 나타낸다. 이제 두 나라 A와 B에서의 이 비율을 비교하면, 두 나라에서 변호사와 엔지니어를 상대적으로 선호하는 정도를 비교할 수 있다. 미국과 일본을 이렇게 비교했을 때 미국이 일본보다 41배 정도 엔지니어에 비해 변호사를 선호한다.

미국에 그렇듯 변호사가 많은 데에는 나름의 이유가 있다. 미국과 같은 개인주의적인 사회에서는 개인 간의 갈등이 법적 대결로 해결되지만, 일본과 같은 집합주의적 사회에서는 중재와 같은 비법적 대응으로 해결된다. 서양에서는 정의의 실현을 원칙으로 하며, 법적 해결을 시도할 때 선과 악은 분명히 구분되며 반드시 승자와 패자가 존재한다는 점을 기본 전제로 한다. 그러나 동양에서의 갈등 해결 목적은 승자와 패자를 결정짓는 것이 아니라 쌍방간의 적대감을 해소하는 것이다. 따라서 타협이 가장 선호된다. 서양인들은 보편적인 정의의 원칙에 입각하여 자신의 입장을 주장하고 판사나 배심원들이 공평무사한 결정을 내리도록 기대하는 반면, 동양인들은 상황 논리를 중시하는 것이 현명한 갈등 해결이라고 생각한다. 한 중국인의 말 속에 이러한 관점이 잘 드러나 있다.

중국의 판사는 법을 추상적인 실체가 아니라 각 개인에게 따로따로 적용되어야 하는 융통성 있는 것으로 본다. 각 개인의 상황에 맞게 적용될 수 없는 법은 인간적이지 못하며 결코 법이 될 수 없는 것으로 여겨진다. 중국에서 법이란 과학이 아니라 예술이다.

논쟁에서의 동서양 차이

일본 기업의 이사회는 가능하면 갈등과 불협화음을 피할 수 있는 의사 결정을 내린다. 회의는 리더가 사전에 형성해놓은 합의를 추인하는 선에서 그친다. 일본의 경영자들은 다른 경영자와의 갈등 상황 자체를 회피하려 하지만, 미국의 경영자들은 훨씬 더 적극적으로 상대 경영자를 설득하려고 한다. 동양인들의 시각에서는 다소 무례하고 불손해 보이는 방법이 서양에서는 진리에 이르는 길로 간주된다. 서양인들은 자유로운 아이디어 교환을 거의 신앙에 가까울 정도로 신봉한다. 아무리 해로운 사상일지라도 공개적인 토론을 통해서 그 실체가 결국은 드러날 것이므로 결코 위협이 되지 않는다고 믿는다. 그러나 동양의 경우, 이러한 가정은 과거에도 없었고 지금도 크게 달라지지 않았다.

과학에서의 동서양 차이

미국은 1990년대에 들어서만 44명의 노벨상 수상자를 배출했지만, 일본은 겨우 1명만을 배출했다. 일본의 과학 예산이 미국 과학 예산의 절반에 달한다는 사실을 생각할 때, 이 차이는 가히 충격적이다. 서독은 일본 과학 예산의 절반밖에 책정하지 않았음에도 불구하고 같은 시기에 5명의 노벨상 수상자가 나왔다. 서독보다도 과학 예산을 훨씬 적게 지출하는 프랑스조차 3명의 노벨상 수상자를 배출했다. 일본의 이러한 초라한 성과에 대하여 혹자는 연장자를 존경하는 유교 전통을 그 원인으로 본다. 젊고 유능한 학자보다는 실력은 없으나 나이 든 학자를 지원하는 사회 풍토를 지적한 말이다. 그러나 일본 내 상당수의 과학자들은 논쟁과 지적 토론의 부재를 원인으로 생각하고 있다. 일본에서는 동료들끼리 서로 비판하고 심사하는 것을 무례하게 생각하며, 논쟁과 지적 토론이 과학 발전에 핵심적인 역할을 한다는 인식도 부족하다. 한 일본 과학자는 미국에서의 경험을 이렇게 기술했다.

워싱턴의 카네기 연구소에서 연구를 수행한 적이 있다. 거기서 아주 유명한 두 명의 과학자를 알게 되었는데, 그들은 서로 매우 절친한 친구 사이였지만 연구에 있어서만큼은 극심한 논쟁을 벌였고 심지어 저널을 통하여 공개적으로 서로를 비판하기까지 했다. 미국이기 때문에 이런 일들이 가능한 것이지 일본에서는 감히 꿈도 못 꿀 일이다.

수사학에서의 동서양 차이

논쟁을 회피하는 경향은 단순히 사회적 관계 때문만은 아니다. 또한 그 여파는 연구 논문의 수와 같은 양적인 결과뿐만 아니라 수사학이나 커뮤니케이션에도 영향을 끼친다. 서양의 수사학은 대체로 다음의 구성 요소로 이루어진다.

- 연구 배경

- 문제 제기

- 가설 기술

- 검증 방법 기술

- 증거 제시

- 증거에 대한 논리적 해석

- 가능한 반대 주장에 대한 재반박

- 결론과 제언

대부분의 서양인들은 이와 같은 요인들이 모든 문화에서 보편적일 것이라고 믿는다. 그들에게는 그런 구조를 갖추지 않고 자신의 생각을 설득력 있게 전달하는 것이 불가능하게 여겨지기 때문이다. 그러나 동양에서 그와 같은 직선적인 논리 구조는 흔하지 않다. 내가 지도한 동양 학생들의 경우에도, 그들이 가장 마지막에 터득하는 것이 바로 앞에서 열거한 요인들을 갖춘 직선적인 수사법이었다.

계약에 대한 동서양 견해 차이

서양인들은 한번 이루어진 협상은 중간에 바꿀 수 없다고 믿는다. 왜냐하면 계약은 계약이기 때문이다. 그런데 동양인들은 계약이란 미래 상황에 따라 바뀔 수도 있다고 믿는다. 계약을 바라보는 두 문화의 이러한 상반된 견해는 종종 갈등의 소지가 되기도 한다. 앞서 소개했던 일본과 오스트레일리아 사이의 설탕 계약 사건을 기억해보라. 설탕 가격이 급락했다는 이유로 일본은 이미 맺은 계약일지라도 다시 협상할 것을 오스트레일리아에 요구했지만, 오스트레일리아는 이를 거부했다. 일본인들이 이기적이거나, 혹은 위선자여서 그런 것은 아니다. 일본에서는 그런 상황에서 재협상을 자주 한다고 한다. 예를 들어, 도쿄에 눈이 많이 내려서 영화 관객이 줄어들면 영화 보급사는 극장주에게 일정 부분을 보상해준다. 경영학자인 햄든 터너와 트롬페나에 따르면, 그렇게 편의를 봐주는 행위는 조목조목 따지는 분석적 사고 방식에서 볼 때는 매우 비합리적이지만, 당사자들 간의 장기적 관계라는 측면에서 보면 매우 합리적이다.

국제 관계에서의 동서양의 차이

중국의 전투기와 미국의 정찰기가 중국 상공에서 충돌하여 미국 정찰기가 추락하고 조종사가 중국에 억류되는 사건이 발생한 적이 있다. 중국은 미국 정찰기가 중국의 승인 없이 영토를 침범했다면서 미국의 '사과'를 요구했다. 이 때문에 두 국가 사이에 오해와 갈등이 고조되었는데, 그 부분적인 이유는 인과 관계에 대한 서로 다른 시각 때문이다. 미국은 그 사고가 중국 전투기 비행사의 무모한 비행 때문에 일어났으므로 사과할 수 없다고 주장했다. 정치학자인 피터 헤이스 그리스(Peter Hays Gries)와 사회심리학자인 펑카이핑에 따르면 미국의 이러한 주장은 중국인의 인과론을 잘 이해하지 못한 소치였다. 중국인들은 어떤 사건에 '단 하나의 이유(the cause)'만 있다고 생각하는 것을 매우 어리석은 짓으로 간주하기 때문에 그 비행기 사건과 관련된 무수히 많은 사항들을 고려해야 한다고 믿었다. 예를 들면, 미국은 어쨌거나 중국을 정찰하고 있었고, 또한 그 정찰기 조종사와 그 전투기 조종사 사이에는 과거에도 불미스러운 일이 있었다는 점 등을 고려해야 한다고 주장했다. 따라서 이렇게 복잡하고 원인 관계가 애매한 상황에서 미국이 할 수 있는 최소한의 행동은 사과라는 것이 중국인들에게는 너무나 당연한 일이었다. 동양인들은 어떤 사람이 의도했든 의도하지 않았든 다른 사람에게 해를 입힌 경우에는 인과 관계가 애매하기 때문에 일단 가해자가 무조건 사과하는 것이 옳다고 생각한다. 일본이나 한국의 경영자들이 자신이 통제하지 못한 사건에 책임을 지고 기꺼이 사임하는 것도 같은 이유에서이다. 결국 유감을 표명하는 선에서 문제는 일단락되었지만, 그 갈등 관계 이면에 존재하는 인과 관계에 대한 문화적 차이를 주목한 사람은 별로 없었다.

인권 문제를 바라보는 동서양의 차이

서양인들은 개인과 국가 간에는 오직 하나의 바람직한 관계가 존재한다고 믿는다. 즉, 각 개인은 독립적인 존재로서 다른 사람들과 그리고 국가와 사회적 계약을 맺으며, 그 계약에는 개인의 권리, 자유, 그리고 의무가 포함된다고 믿는다. 그러나 동양인들은 국가를 개인들의 단순한 집합이 아닌 하나의 거대한 유기체로 생각하기 때문에 한 개인의 고유한 권리라는 개념은 그들에게는 자연스럽지 못하며 그보다는 부분-전체, 개인-사회라는 관계적 측면에서의 권리가 훨씬 더 의미가 있다. 서양인들은 동양인들이 그들의 사회에서 마치 아무런 권리도 없는 것처럼 대우받고 있다고 생각하며, 그것을 근거로 동양인들의 도덕관을 비난하기도 한다. 그러나 이는 옳지 않다. 이러한 인식의 차이는 도덕관의 차이 때문이기도 하지만, 그보다는 근본적으로 개인을 보는 관점이 다르기 때문이다.

반대로 동양인들이 서양인의 행동을 보고 그들의 도덕을 비난하는 경우도 있다. 미국에 유학 온 동양 학생들은 영어에 익숙해지고 나면, 미국의 미디어에 폭력, 섹스, 범죄들이 난무하는데 어떻게 자유라는 명목으로 그런 것들을 용인할 수 있느냐고 지적하곤 한다. 그들은 그런 것들이 개개인의 권리를 보장한다고는 하지만 크게 보면 사회 전체의 권리를 침해하는 것이라고 주장한다. 동양인들은 권리란 개인뿐만 아니라 사회 전체에도 존재한다고 믿는다.

종교에서의 동서양 차이

서양과 동양의 종교가 서로 다른 것은 서양 종교가 '옳고 그름 (right/wrong)'의 구조로 되어 있는 반면, 동양 종교는 '둘 모두/함께(both/and)'를 지향하기 때문이다. 동양 종교들은 타 종교에 대해 매우 관대하고, 서로의 교리를 흡수하는 것이 특징이다. 따라서 한국에서는 어떤 사람이 기독교인이면서 동시에 불교도이고 또 유교도인 것이 가능하다. 일본도 마찬가지이다. 동양에서는 종교 전쟁이 거의 없지만 서양에서는 아주 오랫동안 격렬하게 진행된 것도 우연이 아니다. 동양 종교는 순환과 윤회 사상이 특징적이며 타 종교에 대해서도 대단히 포용적이다. 이는 서양의 유일신 사상과는 매우 대조적이다.

그렇다면 누구의 사고 방식이 더 옳은가?

이 질문에 대한 가장 편리한 해답은 문화 상대주의이다. 즉, 어떤 문화권의 사고 방식이든 그 문화 사람들에게는 정당하다는 개념이다. 그러나 극단적인 문화 상대주의는 편리한 해결책이긴 하지만 최선은 아니다. 나는 극단적인 문화 상대주의를 신봉하지는 않으며, 오히려 동양과 서양의 문화가 서로의 사고 방식에서 발생하는 오류를 수정하는 데 도움을 줄 수 있다고 생각한다. 그렇다면 서양이 동양의 사고로부터 배울 점은 무엇이고, 동양이 서양으로부터 배울 점은 무엇일까? 먼저 동양의 사고 방식으로부터 도움을 받을 수 있는, 서양의 사고 습관 몇 가지를 정리해보겠다.

형식주의(Formalism)

서양 사상의 강점 중 하나는 형식 논리이다. 과학과 수학이 형식 논리에 의존하는 것은 자명한 일이다. 버트란드 러셀은 "인간의 모든 문제는 논리로 해결될 수 있다"라고 주장하면서 특히 형식 논리를 실생활의 문제에 적용해야 한다고 강조했다. 그러나 러셀의 한계는 형식과 내용이 분리되어야 하며 논리적 원리들은 오직 형식에만 적용된다고 주장한 데에 있다. 이는 서양 사상의 병폐이다. 철학자인 류슈셴은 "중국인들은 너무나 합리적이어서 형식과 내용을 분리하지 않는다"라고 주장하면서 서양 사상을 꼬집은 바 있다.

내용과 형식을 구분하고 논리적 접근법만을 강조하는 서양 사고의 이 두 가지 폐단은 학문 활동 과정에서 어처구니없는 결과들을 적잖이 만들어냈다. 심리학에서만 보더라도 내용을 고려하지 않고 형식적인 모델을 세우는 경우가 많은데, 이렇게 하면 관심의 대상이 되는 현상 자체는 이해할 수 없게 된다. 모델을 세우는 작업 자체로 학문적 기쁨을 느낄 수 있겠지만 행동을 이해하는 데에는 별 도움이 되지 않는다. 경제학의 경우에도 마찬가지이다. 한 경제학자 친구의 말을 빌자면, 경제학에서는 처음부터 수긍할 수 없는 원리를 만들어놓고 그로부터 수많은 다른 원리들을 논리적으로 만들어내는데, 이 모든 작업이 행동을 이해하는 데에 별로 도움이 되지 않는다.

양자택일 논리

서양 사고에 만연한 'either/or' 식의 접근은 이미 많은 서양 철학자들에게 비판받아왔는데, 그 문제점은 동양의 'both/and' 접근 방식과 비교하면 더 분명하게 드러난다. 예를 들어, 서양인들은 행동의 배후에 '다른 많은 이유'가 아니라 '하나의 이유(a cause)'가 있다고 믿는 경향이 있어서, 행동을 설명할 때 그 행동이 '내부적 이유'로 일어났다고 설명하거나 아니면 '외부적 이유'로 발생했다고 설명하는 양자택일의 방식을 취한다. 따라서 어떤 사람이 다른 이를 도와주는 상황이 발생하면, 그가 '관대해서'이거나 아니면 '이기적인 이유' 때문에 도와주었을 것이라고 믿는다. '둘 다'라고는 좀처럼 생각하지 않는다. 애덤 스미스(Adam Smith)가 자본주의를 옹호하는 글에 이러한 관점이 잘 나타나 있다. "맥주를 만드는 사람이나 빵 만드는 사람이 당신에게 음식을 제공하는 것은 당신을 위해서가 아니고 자기 자신을 위해서이다." 하지만 둘 모두 이유가 될 수 있지 않을까? 물론 자기와 자기 가족만을 위해 장사하는 사람들도 있겠지만, 대부분은 다른 사람들의 식사를 돕는다는 생각도 가지고 있다.

인간의 행동에 대하여 단일한 동기만 가정하는 서구인의 경향은 연구 결과를 통해서도 알 수 있다. 발달심리학자인 조앤 밀러와 데이비드 버소프(David Bersoff)는 미국과 인도의 어린이들에게 누군가가 다른 사람을 도와준 일을 이야기해주었다. 한 조건의 어린이들에게는 도와준 사람이 상대방으로부터 나중에 대가를 받기로 했다는 정보를 주고, 다른 조건의 어린이들에게는 그런 정보를 주지 않았다. 그 결과, 인도 어린이들은 대가에 대한 정보와 상관없이 '그 사람은 다른 사람을 진심으로 도와주려고 했다'라고 생각했지만, 미국 어린이들은 '보상에 대한 조건이 없었던 경우'에만 진심으로 도우려 했다고 추정한 것이었다.

기본적 귀인 오류

사회심리학에서 가장 잘 알려진 현상인 기본적 귀인 오류는 어떤 사람의 행동을 설명할 때 상황적 원인보다는 행위자 내부의 원인을 더 중요하게 간주하는 경향을 말한다. 연구에 따르면, 동양인들은 서양인에 비해 이 오류를 덜 범하는 경향이 있으며, 오류를 범하더라도 더 쉽게 수정한다. 이 오류의 경우에 있어서만큼은 서양인들이 틀렸고 동양인들이 옳다고 할 수 있겠다.

철학자인 존 도리스(John Doris), 길버트 허먼(Gilbert Harman), 그리고 피터 브래너스(Peter Vranas)가 주장하듯이 기본적 귀인 오류에 대한 연구는 윤리학에도 중요한 의미를 지닌다. 서양 철학사에서 중요한 역할을 한 아리스토텔레스의 윤리학은 그 기본 가정이 물리학과 같았다. 즉, 사물이나 사람이나 모두 내부 속성에 의거하여 행동한다는 것이다. 윤리와 관련된 행동의 경우, 사람들의 행동은 '미덕' 혹은 '악덕'으로 설명된다. 그러나 이렇게 '행위자의 내부 성향'으로 윤리를 설명하는 서양의 윤리관은 동양인들의 생각과는 잘 맞지 않는다. 아리스토텔레스 윤리학의 가정에 따르면 사람들의 행동을 바꾸기 위해서는 그 사람의 천성을 바꾸어야 하지만, 그것은 매우 어렵고 비생산적인 일이다. 그보다는 원하는 행동을 했을 때 최선의 결과를 얻을 수 있는 상황을 마련해주고, 원치 않는 행동을 하도록 부추기는 상황을 제거해주는 것이 낫다. 이러한 상황 중심 윤리는 동양인의 관점에 더 일치한다.

지금까지는 동양의 사고를 기준으로 서양의 사고를 비판했으니 이제는 방향을 바꾸어 서양의 사고를 기준으로 동양의 사고를 비판해보자.

모순

양쪽 모두에 진실이 있다고 생각하는 것은 모순을 처음 접하게 되었을 때 유용한 대처법이 될 수 있고 또한 상반되는 입장을 최종적으로 통합할 때도 도움이 될 수 있다. 그러나 분명 이 방법은 결코 '최선의 방법'은 아니다. 우리는 앞서 보고된 연구를 통해, 서로 상반되는 주장이 있을 때 서양인에 비해 동양인들이 두 주장 모두를 동시에 믿는 경향이 강하다는 사실을 알고 있다. 뿐만 아니라, 보다 더 설득력 있는 반대 주장과 함께 제시되더라도 동양인들은 여전히 앞서 제시된 주장을 믿는 오류를 범한다. 이는 논리적인 관점에서 보면 절대로 정당화될 수 없는 일이지만, 동양인들의 '중용' 사상을 생각하면 이해될 수 있다. 한국의 심리학자 최인철은 모순에 대하여 덜 민감한 사고 방식은 지적 호기심을 마음껏 발휘하는 데에 방해가 되기 때문에 과학적인 사고를 하기에는 부적절하다고 주장한다. 동양의 국가들이 보다 많은 과학자들을 양성하기 위하여 노력하고 있는 시점에서 더욱 깊이 고려되어야 할 점이다.

논쟁과 수사학

논쟁을 통하여 진리가 발견되고, 설사 진리의 발견에는 이르지 못한다 해도 유용한 가설들이 세워질 수 있다는 서양의 확신에 대해 나도 동의하는 바이다. 서양인의 논쟁 스타일과 그런 논쟁을 장려하는 사고 방식 덕분에 서양 사회는 늘 새로운 것에 개방되어 있다. 논쟁은 또한 '가설-증거-결론'의 구조로 이루어진 과학과 수학의 수사학과 밀접하게 연관되어 있다. 물리학자 앨런 크로머도 기하학적 증명이란 궁극적으로 수사학이라고 주장하였고 저명한 심리학자이자 통계학자인 로버트 에이블슨(Robert Abelson)은 자신의 저서에서 통계학은 본질적으로 수사학이라고 기술하였다.

복잡성

한 서양 사상가는 "만일 지구가 프레첼(pretzel; 미국의 과자로 찌그러진 그물처럼 생긴 과자-역주)처럼 생겼다면, 우리는 지구가 프레첼

모양이라는 가설을 가지고 있어야 한다"라고 주장했다. 물론 맞는 말이다. 그러나 만일 우리가 '프레첼' 가설로부터 출발한다면 지구가 정말로 프레첼처럼 생기지 않은 한 그 진짜 모양을 알아낼 가능성은 거의 없다. 지구가 프레첼이 아닌 그 어떤 모양으로 생겼든 가장 합리적인 출발점은 '지구는 직선이다'라는 단순한 가설이 되어야 한다. 그렇게 해야만 반복되는 검증 과정을 거쳐 이 가설을 수정해 나갈 수 있다.

동양인들의 '우주는 매우 복잡하다'라는 믿음은 분명 옳으며, 실제 생활에도 도움이 될지 모른다. 그러나 과학에 있어서만큼은 '모든 것들이 서로 관련되어 있다'라는 생각보다는 단순한 모델을 가정하는 것이 진리를 발견하는 데에 훨씬 용이하다.

지금까지 동양과 서양의 사고 방식을 각각 비판하고, 각 사고 방식이 상대에게 도움을 받을 수 있다는 사실을 지적했다. 이제 지금까지 서술한 두 문화간의 사고 차이를 이해하는 것이 어떤 실제적인 의미를 지니는지 지능 검사를 예로 들어 살펴보자.

사고 방식의 차이와 지능 검사

지능 전문가들은 언어에 기초한 지능 검사로는 문화적으로 공평한 검사를 할 수 없다고 주장한다. 한 문화 내에서도 사회경제적 위치에 따라 언어에 노출되는 정도가 다른데 하물며 언어가 서로 다른 문화권에 대해 동일한 지능 검사를 실시하는 것은 무리라는 것이다. 그래서 전문가들은 언어에 기초하지 않은 지능 검사를 개발하려고 노력해왔다. 그런데 과연 이런 검사가 동서양 문화 모두에 공평한 검사일까?

다음 페이지의 그림은 '문화에 공평한 지능 검사'에서 사용되는 그림과 비슷한 것들이다. 여기서 피검자가 해야 하는 일은 처음 6개의 그림을 보고, 빈 칸에 들어갈 그림을 아래에 제시된 6개의 그림 중에서 고르는 것이다. 삼각형이나 사각형은 모든 문화에 공통적인 모양이기 때문에 문화에 공평한 검사처럼 보일지도 모른다. 그러나 이 책에서 논의한 사고의 차이를 감안하면 이 검사는 서양인에게 다소 유리할 것이라고 예상할 수 있다. 왜냐하면 이 과제를 수행하기 위해서는 관련 속성들을 찾아내고, 그것들을 범주화하는 방식을 알아내고, 그 범주에 기초가 되는 규칙을 찾아내는 분석적 작업이 필요하기 때문이다.

미시간대학의 데니스 파크, 트레이 헤든, 베이징대학의 징치청, 그리고 나는 미국과 중국의 대학생과 노인을 대상으로 세 가지 서로 다른 방식을 사용하여 지능을 측정했다. 첫 번째는 '기억 검사'와 '반응 속도 검사'인데, 이는 지능지수(IQ)와 연관된 것으로 알려져 있다. 두 번째는 '상식 문제 검사'였는데, 이 역시 지능 지수와 높은 상관 관계에 있다고 밝혀진 바 있다. 세 번째가 다음 그림과 유사한 문화에 공평한 지능 검사로 알려진 커텔 문화 공평

문화에 공평한 지능 검사 항목의 예

(Cattell Culture–Fair) 지능 검사였다. 우리는 처음 두 가지 지능 검 사에서 동일한 점수를 얻은 중국과 미국의 학생과 노인들을 따로 추출했다. 그 후에 그들의 커텔 검사 점수를 비교해보았더니 중국 학생이 미국 학생에 비해, 그리고 중국 노인이 미국 노인에 비해 점수가 매우 낮았다. 만일 두 가지 다른 지능 검사를 실시하지 않

고 커텔 검사만 했다면, 우리는 중국 학생과 노인이 미국 학생과 노인에 비해 지능이 떨어진다는 잘못된 결론을 내렸을 것이다! 사고 방식의 차이를 제대로 이해하지 않으면 이와 같은 치명적인 오해를 초래할 수도 있다.

이제 다음 페이지의 그림을 보자. 피험자가 할 일은 맨 위의 블록들을 적절히 배열해서 '달리는 새'와 '나는 새'를 만드는 것이다. 독자들의 편의를 위해 정답을 아래에 제시해두었다.

이 문제들은 얼핏 보면 ETS(Educational Testing Service)에서 만든 SAT(학업 성취도 검사) 문제들처럼 보인다. 그러나 사실 이 문제들은 약 1,000년 전에 중국에서 관료들을 선발하기 위해 만든 것들이다! 이유야 어쨌든 중국과 일본의 초등학생들은 이와 같은 문제를 푸는 방법을 학교에서 배운다. 한자를 이해하고 쓰는 데 필요한 공간 분석 능력과 동양 문화의 종합적인 사고 방식이 공간 능력을 촉진시키는 듯하다. 실제로 공간 능력 검사에서 동양인들은 서양인들보다 더 높은 점수를 얻었다. 이를 두고 동양인들이 서양인들보다 더 영리하다는 결론을 내리는 사람도 있을 것이다. 실제로 리처드 헤른슈타인(Richard Herrnstein)과 찰스 머리(Charles Murray)의 『종형곡선 The Bell Curve』이라는 책은 그러한 잘못을 저질렀다. 그들은 공간 능력 검사는 문화마다 공평하게 평가되기 때문에 이 능력에 있어서의 문화간 차이는 인종간의 유전적 능력 차이를 보여준다는 의심스러운 결론을 내렸던 것이다.

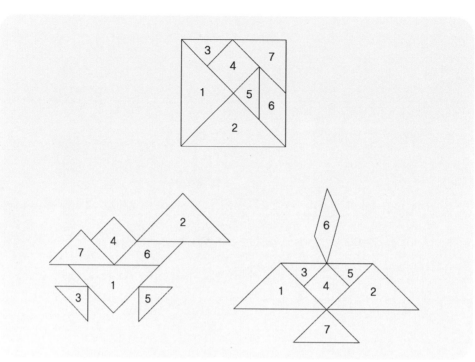

문제 위의 모형들로 달리는 새와 나는 새를 만드시오.

사회의 인종적 다양성은 여러 가지 이유로 옹호되고 있다. 그중 하나가 다양한 문화권의 사람들이 공존함으로써 교육적 환경과 업무 환경이 더 풍성해진다는 것이다. 우리의 연구는, 상이한 사고 방식을 가진 문화권의 사람들이 함께 일하면 어떤 문제든지 쉽게 해결할 수 있다는 사실을 시사한다. 동양인과 서양인의 사고 방식과 기술이 매우 다르기 때문에 서로의 단점을 보완해줄 수 있을 것이다. 어떤 문제든지 같은 문화권 사람들끼리만 모여서 해결하기보다는 서로 다른 문화권의 사람들이 함께 해결할 때 문제 해결이 훨씬 쉬울 것이라는 데에는 의심의 여지가 없다.

동양과 서양의 사고 방식, 충돌할 것인가, 통일될 것인가?

사회과학의 많은 영역에서 많은 학자들이 문명의 미래에 대해 논쟁을 벌이고 있다. 정치학자 프랜시스 후쿠야마로 대표되는 한 견해는 세계의 정치 구조, 경제 체제, 그리고 가치관 들은 하나로 수렴할 것이라고 예언한다. 후쿠야마는 『문명의 종말』이라는 책에서 이미 자본주의와 민주주의가 최종 승리를 거두었으며 이를 뒤집을 만한 사건은 일어나지 않을 것이라고 주장한다. 헌데 한편에서는 문화간의 차이가 계속 유지될 것이라는 반대 견해가 팽팽하게 이와 맞서고 있다. 새뮤얼 헌팅턴 교수에 의해 대표되는 이 견해는 이미 '문명의 충돌'이 임박했다고 주장한다. 동양, 이슬람, 그리고 서양이라는 대표적 문명들이 가치관과 세계관에서 서로 좁혀질 수 없을 정도로 벌어져 있기 때문에, 문화간 차이가 더 심해질 것이라는 것이다. 헌팅턴은 "자신들의 문화적 가치가 보편적이라고 믿는 서양의 신념은 틀렸고 비도덕적이며 위험하기까지 하다"라고 주장한다.

만일 모든 문화의 경제적·정치적 시스템이 동일해진다면 각 문화에 살고 있는 사람들의 심리 구조 역시 동일해질 것이다. 그렇게 된다면 이 책에서 논의한 동서양의 사고 방식 차이는 한낱 역사적 관심사로만 남게 될 것이다. 그러나 문화간의 차이가 계속된다면,

동양과 서양의 사고 차이 역시 계속 유지될 것이다. 어느 쪽이 맞을까?

동양이 서구화될 것이다?

모든 문화가 자본주의와 민주주의 체제로 수렴할 것이라는 후쿠야마 교수의 견해는 많은 서양인들, 특히 미국인들의 생각과 일치하는 것 같다. 그리고 그것을 뒷받침하는 여러 현상들을 주변에서 쉽게 관찰할 수 있다. 세계 어디를 가든 사람들은 청바지에 나이키를 신고 코카콜라를 마시며 미국 음악을 듣고 미국 텔레비전 프로를 시청한다. 심지어 프랑스가 자국 TV에 방영되는 미국 프로의 비율을 25%로 줄일 정도이니 두말할 필요가 없다. 또한 동양의 학교 교육에서도 논리적 분석과 비판적 사고를 강조하는 등 세계는 그 어느 때보다도 서구화되어가고 있다.

실제로 동양 어린이들이 점점 서구식의 사회화 과정을 거치고 있다는 증거들이 속속 등장하고 있다. 심리학자인 헤럴드 스티븐슨(Harold Stevenson)의 연구팀은 80년대 중반부터 베이징의 한 초등학교를 대상으로 10년이 넘게 종단 연구를 수행하고 있다. 이들이 연구 초기에 중국의 어머니들에게 '자녀에게 제일 원하는 것'이 무엇인지 물었을 때, 가장 많이 나온 답은 '원만한 인간 관계를 맺는 능력'이었다. 그러나 10년이 지난 뒤 똑같은 질문에 대한 중국

어머니들의 답은 미국 어머니들의 답과 너무나도 닮아 있었다. 그들은 자신들의 자녀가 '독립성을 가지고 이 세상에서 앞서가는 것'을 강하게 원했다.

몇 년 전에 펑카이핑, 낸시 왕과 나는 서양의 어떤 특정한 가치에 대해서는 동양인들이 서양인들보다 더 중시한다는 사실을 발견한 바 있다. 예를 들어 베이징대학 학생들이 미시간대학 학생들에 비해 '평등, 상상력, 독립성, 다양한 경험' 등을 더 중시했다. 이 결과 역시 동양이 점차 서구화되어가고 있음을 보여준다.

차이는 계속될 것이다?

세계의 문화가 서구 문화로 통합될 것이라는 견해에 대하여 헌팅턴 교수는 자민족 우월주의에 근거한 환상에 불과하다고 통렬하게 비판한다. 그는 국가간의 사회·경제적 차이는 여전히 엄청나며, 미래에 발생하게 될 모든 국가간의 갈등은 경제나 사회적 문제보다는 '문화적 문제'에서 비롯될 것이라고 주장한다. 또한 동양과 이슬람은 서구와는 전혀 다른 문화적 전통을 가지고 있으며, 동양의 지속적인 경제 발전과 이슬람의 인구 증가로 인해, 서구의 영향력은 상대적으로 감소할 것이라고 주장한다. 이 주장에 부합하는 증거들 또한 여기저기서 발견되고 있다.

일본은 자본주의를 수용한 지 이미 100년이 경과했기 때문에 서구적 가치인 독립성, 자유, 합리주의가 강하게 뿌리박혀 있을 것이라고 예측할 수 있다. 그러나 일본은 사회의 각 분야에서 여전히 변하지 않는 가치들을 가지고 있으며 그 증거는 우리의 연구에서도 확인할 수 있었다. 자본주의가 일본에 들어오기는 했지만 그 형태는 일본 문화에 맞게 변형되어버렸다. 예를 들어, 회사에 대한 충성심, 팀 정신, 협력적 경영 스타일 같은 일본 자본주의의 특징들은 일본의 고유한 가치에서 비롯되었다. 바로 이러한 특성들이 2차 대전 후 일본의 기적을 일으킨 원동력으로 지적되기도 한다. 그래서 서양인들은 15년 전까지만 해도 서양도 일본식 경영을 배워야 한다고 믿었다. 물론 최근 일본의 경제 위기가 바로 이러한 일본의 문화적 특성 때문이라고 주장하는 사람들도 있다. 즉, 가족적인 회사 분위기 때문에 자유롭게 구조 조정을 하지 못하고 우호적인 회사에 쉽게 돈을 빌려주는 등의 관행 때문이라는 것이다. 어쨌든 중요한 사실은 일본의 고도 경제 성장이 일본의 전통적인 가치를 그다지 크게 바꾸어놓지 못했다는 점이다.

중국은 민주주의나 자본주의를 수용하는 데 있어서 아직까지는 그리 적극적인 것 같지 않다. 한국은 자유시장 경제를 비교적 전폭적으로 수용했지만, 한국의 정치가 진정한 의미의 민주주의를 수용한 것은 그리 오래된 일이 아니다. 그리고 중국과 한국 모두 그 사고 방식에 있어 여전히 동양적인 특징을 그대로 유지하고 있다.

헌팅턴 교수가 지적했듯이, 서양인들은 산업화, 복잡한 직업 구조, 부, 사회적 이동성, 도시화 등의 근대화를 서구화로 착각하여

226

모든 국가가 근대화될 것이고 따라서 서구화될 것이라고 믿는 경향이 있다. 그러나 많은 나라들이 근대화를 달성했지만 그들의 주장대로 서구화되지는 않았다. 싱가포르나 타이완, 그리고 정도는 덜하지만 이란이 그 예이다.

동양과 서양의 차이는 수렴될 것이다?

문화 차의 미래에 대한 세 번째 견해는 문화적 차이가 수렴할 것이라는 것이다. 단순히 동양이 서구화되는 것이 아니라 사회 구조와 가치관에 있어 서양적인 것과 동양적인 것들이 서로 결합되는 상태에 도달할 것이라는 견해이다. 내가 지지하는 이 견해를 뒷받침해주는 증거 또한 상당히 많다.

서양은 점점 동양적인 것에 매력을 느끼고 있다. 비록 세계 곳곳의 사람들이 코카콜라를 마시고 청바지를 입고 있지만, 서양의 요리는 이미 동양 요리를 가미한 퓨전 스타일을 지향하고 있다. 그런가 하면, 미국 내 중산층 유대인들의 휴양지였던 곳들에 불교 사원들이 속속 들어서고 있다. 미국에서 불교는 신교보다 더 빠르게 확산되고 있다. 또한 많은 서양 의사들이 동양 의술을 부분적으로나마 받아들이기 시작했으며, 두통이나 구토 같은 증상에는 서양 의학보다는 동양 의학의 치료법을 권하기까지 한다. 수많은 미국인들이 요가나 중국의 기체조를 배우고 있음은 말할 필요도 없다. 그리고 서구의 개인주의가 인간 소외를 초래한다고 믿게 된 많은 미국인들이 이제 동양적인 공동체를 통하여 사회적 문제를 해결하려고 노력하고 있다.

이뿐만이 아니다. 전세계가 일본의 노사 관계를 배우려고 노력하고 있는 데 반하여, 정작 일본에서는 교육에서 서구식 논쟁을 강조하고 있다. 서양은 또한 '이것 아니면 저것(either/or)'의 논리적 구조가 아닌 새로운 논리를 시험하고 있다. 20세기의 저명한 물리학자인 닐스 보어(Nils Bohr)는 양자역학에서 자신이 이룬 업적은 동양 사상을 물리학에 접목시킨 덕분이라고 주장하기까지 한다. 또한 나는 동양 학자들의 사회과학으로의 점진적인 진출이 인간과 사회에 대한 새로운 발상의 전환을 가져올 것이라고 믿는다. 실제로 이 책에 담겨 있는 많은 내용은 동양 사상가들과 동양의 실험 연구가들의 공헌 없이는 불가능했을 것이다.

만일 사회 구조, 가치, 신념이 하나로 수렴된다면 사고 방식의 차이도 줄어들 것이다. 실제로 사회적 경험이 바뀌면 아주 단기간이라도 사람들의 사고와 지각의 방법이 바뀔 수 있다는 연구 결과들이 있다. 이 책에서 소개한 많은 연구에는 동양인과 미국인 외에 동양계 미국인이 참여했다. 동양계 미국인은 사회적 경험 면에서 동양인들과는 상당히 다를 것이기 때문에 그들의 사고 방식과 지각 방식이 서양인의 그것과 유사할 것이라는 예상이 가능한데, 이 역시 연구 결과를 통해 정확하게 확인할 수 있었다. 많은 경우에

동양계 미국인의 사고 방식은 동양인과 미국인의 사고 방식의 중
간쯤에 해당했으며, 어떤 경우에는 미국의 사고 유형과 구분할 수
없을 정도로 유사했다.

두 문화의 속성을 동시에 가지고 있는 사람들의 경우를 살펴보
면 이 점은 더욱 분명해진다. 그들은 두 문화의 중간에 해당하는
가치나 신념을 가지고 있을 뿐 아니라, 특정 상황에 따라 유연하게
둘 중 하나를 선별하여 사용할 수 있다는 연구 결과가 있다. 앞에
서 소개했던 연구 중에, 홍콩 사람들은 미키 마우스나 미국 의회
빌딩 같은 서양 이미지에 노출(점화)되면 서양식의 귀인을 하고,
불교 사원이나 용의 모습 같은 동양 이미지에 노출(점화)되면 동양
식의 귀인을 한다는 연구를 기억할 것이다.

어떤 의미에서 우리 모두는 이중문화적(bicultural)이다. 우리 안
에는 다른 사람들과 더 친밀한 관계를 유지하려는 상호의존적인
특징과, 다른 사람들로부터 독립적인 존재로 살아가려는 독립성이
혼재한다. 따라서 이 중 어떤 특성이 더 강하게 부각되느냐에 따라
서로 다른 문화적 특징을 보일 수 있다. 사회심리학자인 울리히 퀴
넨(Ulrich Kühnen)과 그 연구팀이 수행한 일련의 연구들은 이 점에
서 매우 주목할 만하다. 그들은 실험실 내에서 아주 간단한 점화
기법을 사용하여 사람들의 사회적 지향(상호의존적 혹은 독립적)을
변화시키면, 그 결과가 사고 방식에까지 영향을 미친다는 점을 발
견했다. 그들은 한 집단의 실험 참가자들에게 문장 내의 일인칭 복

수 단어들(we, us, our)을 모두 동그라미 치게 했다. 이 절차를 거친 참가자들은 보다 상호의존적이고 집합주의적인 지향을 보였다. 또한 다른 집단의 참가자들에게는 문장 내의 일인칭 단수 단어들(I, me, mine)을 동그라미 치도록 했는데, 이렇게 하여 그들은 보다 개인주의적이고 독립적인 사회적 지향을 갖게 되었다. 이렇게 서로 다른 사회적 지향을 갖도록 간단하게 유도한 후, 앞에서 소개한 바 있는 '숨은그림찾기' 과제를 실시했더니 상호의존적 점화를 거친 참가자들은 예상대로 보다 '장의존적인' 패턴을 보였고, 독립적인 점화를 거친 참가자들은 보다 '장독립적인' 패턴을 보였다. 이는 개인의 사회적 존재 양식이 사고 방식과 밀접하게 관련되어 있다는 사실을 아주 극적으로 보여준다. 결국 우리 모두는 어떤 경우에는 동양인처럼 행동하고 어떤 경우에는 서양인처럼 행동하는 것이다.

나는 동양과 서양의 문화가 서로의 문화를 수용하여 중간쯤에서 수렴될 것이라는 이 세 번째 견해가 '문화 차의 미래'에 대한 가장 타당한 견해라고 믿는다. 동양과 서양은 서로의 장점을 수용하여 두 문화의 특성이 함께 공존하는 문화 형태를 만들어나갈 것이다. 마치 요리의 재료들이 각각의 속성은 그대로 지니면서도 서로 어우러져 하나의 새로운 요리를 만들어내듯이, 두 문화는 새로운 통합을 맞이할 것이다. 그 통합이 두 문화의 가장 좋은 특성들만을 모아놓은 걸작이 되기를 기대해본다.

저자인 리처드 니스벳 교수는 나의 미국 유학 시절 지도교수이다.
내가 이 책을 번역하겠다고 말씀드렸을 때, 어느 정도 예상은 하였
지만 그분은 한사코 말리셨다. 자신의 책이 한국어로 소개되는 것
은 무엇보다도 기쁜 일이지만 한참 연구를 진행해야 할 내가 번역
하는 일에 시간을 쓰는 것은 바람직하지 않고, 자신에게도 매우 미
안한 일이라는 것이 반대의 이유였다. 제자를 생각하는 그분의 마
음이 한편으로는 고마웠고, 또 한편으로는 연구에 대한 그분의 열
정 앞에서 내 자신이 부끄러워질 수밖에 없었다. 다른 책 같았으면
당장에 그만두었겠지만, 결국 이렇게 강행하게 된 것은 이 책의 가
치에 대한 내 자신의 강한 확신 때문이었다.

　동양과 서양 사람들이 생각하는 방법에서 서로 다르다는 점은
학계에서도 이미 많이 지적되어왔고 일반인들도 서양 문화와의 직
간접 경험을 통하여 그 차이에 대하여 어느 정도는 인식하고 있다.
그러나 두 문화가 정확히 '어떤 면에서' '어느 정도' 다른지, 그리
고 그러한 차이의 '원인'은 무엇인지에 대해서 이 책만큼 체계적인
정보를 제공해줄 수 있는 것은 감히 없어 보인다. 그만큼 이 책은
동양과 서양의 사고 방식의 차이에 관한 한 독보적인 책이라고 할

수 있다. 몇 사람의 개인적인 경험이나 추측에 근거하여 그려낸 지도가 아니라, 현대 과학 정신에 근거한 엄밀한 방법론을 토대로 하여 제작된 '생각의 지도'이기 때문에 동양과 서양 문화를 이해하는 데 아주 좋은 길잡이가 되어줄 것이라고 확신한다.

'생각의 지도'는 또한 한국 사회와 한국 문화를 이해하는 데에도 큰 도움을 줄 것이다. 오늘날 한국 사회가 안고 있는 많은 문제들을 이해하기 위해서는 '내부자'의 시각뿐만 아니라 '외부자'의 시각도 필요하다. 예를 들면, 한국에서는 왜 동반 자살이 많은지, 왜 지역에 근거한 갈등이 많은지, 그리고 한국의 신문 사설에는 왜 양비론적인 시각이 자주 등장하는지와 같은 문제에 답하기 위해서는 한국인의 사고 방식과 심리 구조를 이해하는 것이 필수적이고, 그러한 이해는 '비교'를 통하여 더 온전해질 수 있다.

이 책이 일반인들을 주 대상으로 하여 씌어졌기 때문에 번역하는 과정에서도 가능하면 일반인들이 쉽게 이해할 수 있도록 노력하였다. 또한 두 문화의 사고 방식 차이의 기원을 설명하는 부분인 원서의 2장 부분이 다소 추상적이고 어려울 수 있기 때문에 번역본에서는 7장으로 옮기게 되었다. 두 문화의 차이를 구체적으로 알고 나서 그 내용을 이해하는 것이 더 효과적일 것이라고 판단하였기 때문이다.

이 책의 한국어판이 나오기까지 많은 분들로부터 큰 도움을 받았음을 끝으로 밝히고자 한다. 원고를 꼼꼼히 읽고 잘못된 부분을 바로잡아준 서울대학교 사회심리 연구실 학생들과 서울대학교 국문학과 윤세희 학생, 6장의 번역에 많은 도움을 준 미국 미시간대학의 차운아 학생에게 감사의 마음을 전한다. 마지막으로 이 책의 번역을 결정하고 지원하여준 김영사에 깊은 감사를 드린다.

2004년 3월
서울대학교에서 최인철

참고문헌

Allen, S. W., & Brooks, L. R. (1991). Specializing in the operation of an explicit rule. *Journal of Experimental Social Psychology, General, 120*, 3–19.

Atran, S. (1998). "Folk biology and the anthropology of science : Cognitive universals and cultural particulars". *Behavioral and Brain Sciences, 21*, 547–569.

Azuma, H. (1994). *Education and Socialization in Japan*. Tokyo : University of Tokyo Press.

Bagozzi, R. P., Wong, N., & Yi, Y. (1999). "The role of culture and gender in the relationship between positive and negative affect". *Cognition and Emotion, 13*, 641–672.

Barry, H., Child, I., & Bacon, M. (1959). Relation of child training to subsistence economy. *American Anthropologist, 61*, 51–63.

Basseches, M. (1980). "Dialectical schemata : A framework for the empirical study of the development of dialectical thinking". *Human Development, 23*, 400–421.

Basseches, M. (1984). *Dialectical Thinking and Adult Development*. New Jersey : Ablex.

Becker, C. B. (1986). "Reasons for the lack of argumentation and debate in the Far East". *International Journal of Intercultural Relations, 10*, 75–92.

Bellah, R. (1957/1985). *Tokagawa Religion: The Cultural Roots of Modern Japan*. New York : Free Press.

Berry, J. W. (1976). *Human Ecology and Cognitive Style: Comparative Studies in Cultural and Psychological Adaptation*. New York : Sage/ Halsted.

Berry, J. W., & Annis, R. C. (1974). "Ecology, culture and differentiation". *International Journal of Psychology, 9*, 173–193.

Bond, M. H., & Cheung, T. S. (1983). "College students' spontaneous self-concept : The effect of culture among respondents in Hong Kong, Japan, and the United States". *Journal of Cross-Cultural Psychology, 14*, 153–171.

Borges, J. L. (1966). *Other Inquisitions 1937-1952*. New York : Washington Square Press.

Briley, D. A., Morris, M., & Simonson, I. (2000). "Reasons as carriers of culture: Dynamic vs. dispositional models of cultural influence on decision making". *Journal of Consumer Research, 27*, 157-178.

Cao, C. J. (1982). *Explanation of Zhung Zi*. Beijing: Zhong Hua Publish House.

Chalfonte, B. L., & Johnson, M. K. (1996). "Feature memory and binding in young and older adults". *Memory and Cognition 24*, 403-416.

Chan, W. T. (1967). "The story of Chinese philosophy". In C. A. Moore (Ed.), *The Chinese Mind: Essentials of Chinese Philosophy and Culture*. Honolulu: East-West Center Press.

Chan, W.T. (1967). "Chinese theory and practice, with special reference to humanism". In C. A. Moore (Ed.), *The Chinese Mind: Essentials of Chinese Philosophy and Culture*. Honolulu: East-West Center Press.

Cheung, F. M., Leung, K., Fang, R. M., Song, W. Z., Zhang, J. X., & Zhang, J. P. (in press). "Development of the Chinese personality assessment inventory". *Journal of Cross-Cultural Psychology*.

Cheung, F. M., Leung, K., Law, J. S., & Zhang, J. X. (1996). "Indigenous Chinese personality constructs". Paper presented at the XXVI International Congress of Psychology, Montreal, Canada.

Chiu, L.-H. (1972). "A cross-cultural comparison of cognitive styles in Chinese and American children". *International Journal of Psychology, 7*, 235-242.

Choi, I. (1998). The cultural psychology of surprise: Holistic theories, contradiction, and epistemic curiosity. University of Michigan, Ann Arbor.

Choi, I. (2001). The conflicted culture or who reads fortune-telling? Seoul: Seoul National University.

Choi, I., Dalal, R., & Kim-Prieto, C. (2000). Information search in causal attribution: Analytic vs. holistic. Seoul, Korea: Seoul National University.

Choi, I., & Nisbett, R. E. (1998). "Situational salience and cultural differences in the correspondence bias and in the actor-observer bias". *Personality and Social Psychology Bulletin, 24*, 949-960.

Choi, I., & Nisbett, R. E. (2000). "The cultural psychology of surprise: Holistic theories and recognition of contradiction". *Journal of Personality and Social Psychology 79*, (890-905).

Choi, I., Nisbett, R. E., & Smith, E. E. (1997). "Culture, categorization and inductive reasoning". *Cognition, 65*, 15-32.

Choi, I., & Reznichenko, T. (2001). The conflicted self or who eats fortune cookies. Unpublished manuscript, Seoul National University, Korea.

Cohen, D., & Gunz, A. (2002). As seen by the other...: The self from the "outside in" and the "inside out" in the memories and emotional perceptions of Easterners and Westerners. Unpublished manuscript: University of Waterloo.

Cohen, R. (1997). *Negotiating Across Cultures: International Communication in an Interdependent World*. Washington, D.C.: United States Institute of Peace Press.

Cole, M., Gay, J., Glick, J. A., & Sharp, D. W. (1971). *The Cultural Context of Learning and Thinking*. New York: Basic Books.

Cole, M., & Scribner, S. (1974). *Culture and Thought: A Psychological Introduction*. New York: Wiley.

Cousins, S. D. (1989). "Culture and self-perception in Japan and the United States". *Journal of Personality and Social Psychology, 56*, 124-131.

Cromer, A. (1993). *Uncommon Sense: The Heretical Nature of Science*. New York: Oxford University Press.

Darley, J. M., & Batson, C. D. (1973). "From Jerusalem to Jericho: A study of situational and dispositional variables in helping behavior". *Journal of Personality and Social Psychology, 27*, 100-119.

Dershowitz, Z. (1971). "Jewish subcultural patterns and psychological differentiation". *International Journal of Psychology, 6*, 223-231.

Dien, D. S.-f. (1997). *Confucianism and Cultural Psychology: Comparing the Chinese and the Japanese*. Hayward: California State University.

Dien, D. S.-f. (1999). "Chinese authority-directed orientation and Japanese peer-group orientation: Questioning the notion of collectivism". *Review of General Psychology, 3*, 372-385.

Disheng, Y. (1990-91). "China's traditional mode of thought and science: A critique of the theory that China's traditional thought was primitive thought". *Chinese Studies in Philosophy*, Winter, 43-62.

Doi, L. T. (1971/1981). *The Anatomy of Dependence* (2nd ed.). Tokyo: Kodansha.

Doi, L. T. (1974). "*Amae*: A key concept for understanding Japanese personality structure". In R. J. Smith & R. K. Beardsley (eds.), *Japanese Culture: Its Development and Characteristics*. Chicago: Aldine.

Doris, J. M. (2002). *Lack of Character: Personality and Moral Behavior*.

New York: Cambridge University Press.

Dyson, F. J. (1998, May 28). "Is God in the lab?" *New York Review of Books*, pp. 8-10.

Eagle, M., Goldberger, L., & Breitman, M. (1969). "Field dependence and memory for social vs neutral and relevant vs irrelevant incidental stimuli". *Perceptual and Motor Skills, 29*, 903-910.

Earley, P. C. (1989). "East meets west meets mideast: Further explorations of collectivistic and individualistic work groups". *Academy of Management Journal, 36*, 565-581.

Erdley, C. A., & Dweck, C. S. (1993). "Children's implicit personality theories as predictors of their social judgments". *Child Development, 64*, 863-878.

Ervin, S. M., & Osgood, C. E. (1954). "Second language learning and bilingualism". *Journal of Abnormal and Social Psychology, Supplement, 49*, 139-146.

Fernald, A., & Morikawa, H. (1993). "Common themes and cultural variations in Japanese and American mothers' speech to infants". *Child Development, 64*, 637-656.

Fischhoff, B. (1975). "Hindsight ≠ Foresight: The effect of outcome knowledge on judgment under uncertainty". *Journal of Experimental Psychology: Human Perception and Performance, 1*, 288-299.

Fiske, A. P., Kitayama, S., Markus, H. R., & Nisbett, R. E. (1998). "The cultural matrix of social psychology". In D. T. Gilbert & S. T. Fiske & G. Lindzey (Eds.), *Handbook of Social Psychology* (4th ed), 915-981. Boston: McGraw-Hill.

Fukuyama, F. (1992). *The End of History and the Last Man*. New York: Free Press.

Fung, Y. (1983). *A History of Chinese Philosophy* (D. Bodde, Trans.) (Vol. 1-2). Princeton: Princeton University Press.

Galtung, J. (1981). "Structure, culture, and intellectual style: An essay comparing saxonic, teutonic, gallic and nipponic approaches". *Social Science Information, 20*, 817-856.

Gardner, W. L., Gabriel, S., & Lee, A. Y. (1999). "'I' value freedom, but 'we' value relationships: Self-construal priming mirrors cultural differences in judgment". *Psychological Science, 10*, 321-326.

Geertz, C. (1975). Common sense as a cultural system. Antioch Review, 33, 5-26.

Gelman, S. A., & Tardif, T. (1998). "A cross-linguistic comparison of generic noun phrases in English and Mandarin". *Cognition, 66*, 215–248.

Gentner, D. (1981). "Some interesting differences between nouns and verbs". *Cognition and Brain Theory, 4*, 161–178.

Gentner, D. (1982). "Why nouns are learned before verbs: Linguistic relativity vs. natural partitioning". In S. A. Kuczaj (Ed.), *Language Development*: Vol. 2. *Language, Thought and Culture*. Hillsdale, NJ: Erlbaum.

Gilbert, D. T., & Malone, P. S. (1995). "The correspondence bias". *Psychological Bulletin, 117*, 21–38.

Glass, D. C., & Singer, J. E. (1973). "Experimental studies of uncontrollable and unpredictable noise". *Representative Research in Psychology, 4(1)*, 165–183.

Goodman, N. (1965). *Fact, Fiction and Forecast* (2ed.). Indianapolis: Bobbs-Merrill.

Gopnick, A., & Choi, S. (1990). "Do linguistic differences lead to cognitive differences? A cross-linguistic study of semantic and cognitive development". *First Language, 10*, 199–215.

Graham, A. C. (1989). *Disputers of the Tao*. La Salle: Open Court Press.

Greene, L. R. (1973). "Effects of field independence, physical proximity and evaluative feedback, affective reactions and compliance in a dyadic interaction". *Dissertation Abstracts International, 34(5-B)*, 2284–2285.

Gries, P. H., & Peng, K. (2001). "Culture clash? Apologies East and West". Columbus: The Ohio State University.

Hadingham, E. (1994). "The mummies of Xinjiang". *Discover, 15*, 68–77.

Hall, E. T. (1976). *Beyond Culture*. New York: Anchor Books.

Hamilton, E. (1930/1973). *The Greek Way*. New York: Avon.

Hampden-Turner, C., & Trompenaars, A. (1993). *The Seven Cultures of Capitalism: Value Systems for Creating Wealth in the United States, Japan, Germany, France, Britain, Sweden, and the Netherlands*. New York: Doubleday.

Han, J. J., Leichtman, M. D., & Wang, Q. (1998). "Autobiographical memory in Korean, Chinese, and American children". *Developmental Psychology, 34*, 701–713.

Han, S., & Shavitt, S. (1994). "Persuasion and culture: Advertising appeals in individualistic and collectivistic societies". *Journal of Experimental Social Psychology, 30*, 326–350.

Hansen, C. (1983). *Language and Logic in Ancient China*. Ann Arbor: University of Michigan Press.

Harman, G. (1998-99). "Moral Philosophy Meets Social Psychology: Virtue ethics and the fundamental attribution error". *Proceedings of the Aristotelian Society 1998-99, 99*, pp. 315-331. Paper presented at the Proceedings of the Aristotelian Society.

Heath, S. B. (1982). "What no bedtime story means: Narrative skills at home and school". *Language in Society, 11*, 49-79.

Hedden, T., Ji, L., Jing, Q., Jiao, S., Yao, C., Nisbett, R. E., & Park, D. C. (2000). Culture and age differences in recognition memory for social dimensions. Paper presented at the Cognitive Aging Conference, Atlanta.

Hedden, T., Park, D. C., Nisbett, R. E., Ji, L., Jing, Q., & Jiao, S. (2002). "Cultural variation in verbal versus spatial neuropsychological function across the lifespan". *Neuropsychology, 16*, 65-73.

Heine, S. J., Kitayama, S., Lehman, D. R., Takata, T., Ide, E., Leung, C., & Matsumoto, H. (2001). "Divergent consequences of success and failure in Japan and North America: An investigation of self-improving motivation". *Journal of Personality and Social Psychology, 81*, 599-615.

Heine, S. J., & Lehman, D. R. (1997). Acculturation and self-esteem change: Evidence for a Western cultural foundation in the construct of self-esteem. Paper presented at the 2nd meeting of the Asian Association of Social Psychology, Kyoto, Japan.

Heine, S. J., Lehman, D. R., Markus, H. R., & Kitayama, S. (1999). "Is there a universal need for positive self-regard?" *Psychological Review, 106*, 766-794.

Heine, S. J., Lehman, D. R., Peng, K., & Greenholtz, J. (2002). What's wrong with cross-cultural comparisons of subjective Likert scales?: The reference group effect. Vancouver: University of British Columbia.

Herrnstein, R. J., & Murray, C. (1994). *The Bell Curve: Intelligence and Class Structure in American Life*. New York: The Free Press.

Hofstede, G. (1980). *Culture's Consequences: International Differences in Work-related Values*. Beverly Hills: Sage.

Holmberg, D., Markus, H., Herzog, A. R., & Franks, M. (1997). Self-making in American adults: Content, structure and function. Ann Arbor: University of Michigan.

Hong, Y., Chiu, C., & Kung, T. (1997). "Bringing culture out in front: Effects of cultural meaning system activation on social cognition". In K.

Leung & Y. Kashima & U. Kim & S. Yamaguchi(eds.), *Progress in Asian Social Psychology* (Vol. 1, pp. 135-146). Singapore: Wiley.

Hsu, F. L. K. (1953). *Americans and Chinese: Two Ways of Life*. New York: Schuman.

Hsu, F. L. K. (1981). "The self in cross-cultural perspective". In A. J. Marsella & B. D. Vos & F. L. K. Hsu (Eds.), *Culture and Self* (pp. 24-55). London: Tavistock.

Huntington, S. P. (1996). *The Clash of Civilizations and the Remaking of World Order*. New York: Simon and Schuster.

Imae, M., & Gentner, D. (1994). "A cross-linguistic study of early word meaning: universal ontology and linguistic influence". *Cognition, 62*, 169-200.

Ip, G. W. M., & Bond, M. H. (1995). "Culture, values, and the spontaneous self-concept". *Asian Journal of Psychology, 1*, 29-35.

Iyengar, S. S., & Lepper, M. R. (1999). "Rethinking the role of choice: A cultural perspective on intrinsic motivation". *Journal of Personality and Social Psychology, 76*, 349-366.

Iyengar, S. S., Lepper, M. R., & Ross, L. (1999). "Independence from whom? Interdependence from whom? Cultural perspectives on ingroups versus outgroups. In D. A. Prentice & D. T. Miller(eds.), *Cultural Divides: Understanding and Overcoming Group Conflict*. New York: Russell Sage Foundation.

Ji, L., Peng, K., & Nisbett, R. E. (2000). "Culture, control, and perception of relationships in the environment". *Journal of Personality and Social Psychology, 78*, 943-955.

Ji, L., Schwarz, N., & Nisbett, R. E. (2000). "Culture, autobiographical memory, and social comparison: Measurement issues in cross-cultural studies". *Personality and Social Psychology Bulletin, 26*, 585-593.

Ji, L., Su, Y., & Nisbett, R. E. (2001). "Culture, prediction, and change". *Psychological Science, 12*, 450-456.

Ji, L., Zhang, Z., & Nisbett, R. E. (2002). Culture, language and categorization. Kingston, Ontario: Queens University.

Jones, E. E., & Harris, V. A. (1967). "The attribution of attitudes". *Journal of Experimental Social Psychology, 3*, 1-24.

Kaplan, R. D. (2001, December). "Looking the world in the eye". *Atlantic Monthly*, 68-82.

Kim, H. (2001). "We talk, therefore we think? A cultural analysis of the effect of talking on thinking". Stanford, CA: Stanford University.

Kim, H., & Markus, H. R. (1999). "Deviance or uniqueness, harmony or conformity?: A cultural analys is". *Journal of Personality and Social Psychology, 77*, 785–800.

King, A. Y.-c. (1991). "Kuan-hsi and network building: A sociological interpretation". *Daedelus, 120*, 60–84.

Kinhide, M. (1976). "The cultural premises of Japanese diplomacy". In J. C. f. I. Exchange (ed.), *The Silent Power: Japan's Identity and World Role*. Tokyo: Simul Press.

Kitayama, S., Duffy, S., & Kawamura, T. (2003). Perceiving an object in its context in different cultures: A cultural look at the New Look. Kyoto: Kyoto University.

Kitayama, S., Markus, H. R., & Lieberman, C. (1995). "The collective construction of self–esteem: Implications for culture, self, and emotion". In J. Russell & J. Fernandez-Dols & T. Manstead & J. Wellenkamp (eds.), *Everyday Conceptions of Emotion: An Introduction to the Psychology, Anthropology, and Linguistics of Emotion*. Dordrecht: Kluwer Academic Publishers.

Kitayama, S., Markus, H. R., Matsumoto, H., & Norasakkunit, V. (1997). "Individual and collective processes in the construction of the self: Self–enhancement in the United States and self–depreciation in Japan". *Journal of Personality and Social Psychology, 72*.

Kitayama, S., & Masuda, T. (1997). "Shaiaiteki ninshiki no bunkateki baikai model: taiousei bias no bunkashinrigakuteki kentou". (Cultural psychology of social inference: The correspondence bias in Japan.) In K. Kashiwagi & S. Kitayama & H. Azuma (eds.), *Bunkashinrigaju: riron to jisho. (Cultural psychology: Theory and evidence)*. Tokyo: University of Tokyo Press.

Kojima, H. (1984). "A significant stride toward the comparative study of control". *American Psychologist, 39*, 972–973.

Korzybyski, A. (1933/1994). *Science and Sanity: An Introduction to non-Aristotelian Systems and General Semantics*. Englewood, NJ: Institute of General Semantics.

Krull, D. S., Loy, M., Lin, J., Wang, C.-F., Chen, S., & Zhao, X. (1996). The fundamental attribution error: Correspondence bias in independent and interdependent cultures. Paper presented at the 13th Congress of the International Association for Cross-Cultural Psychology, Montreal, Quebec, Canada.

Kuhnen, U., Hannover, B., Roder, U., Schubert, B., Shah, A. A., &

Zakaria, S. (2000). "Cross-cultural variations in identifying embedded figures: Comparisons from the US, Germany, Russia and Malaysia". *Journal of Cross-Cultural Psychology, 32*, 365-371.

Kuhnen, U., Hannover, B., & Schubert, B. (2001). "The semantic-procedural interface model of the self: The role of self-knowledge for context-dependent versus context-independent modes of thinking". *Journal of Personality and Social Psychology, 80*, 397-409.

Kuhnen, U., & Oyserman, D. (2002). Thinking about the self influences thinking in general: Cognitive consequences of salient self-concept. Ann Arbor: University of Michigan.

Lambert, W. E., Havelka, J., & Crosby, C. (1958). "The influence of language acquisition contexts on bilingualism. *Journal of Abnormal and Social Psychology, 56*, 239-244.

Langer, E. (1975). "The illusion of control". *Journal of Personality and Social Psychology, 32*, 311-328.

Lao-Zi. (1993). *The Book of Lao Zi*. Beijing: Foreign Language Press.

Lee, F., Hallahan, M., & Herzog, T. (1996). "Explaining real life events: How culture and domain shape attributions". *Personality and Social Psychology Bulletin, 22*, 732-741.

Leung, K. (1987). "Some determinants of reactions to procedural models for conflict resolution: A cross-national study". *Journal of Personality and Social Psychology, 53*, 898-908.

Leung, K., Cheung, F. M., Zhang, J. X., Song, W. Z., & Dong, X. (in press). "The five factor model of personality in China". In K. Leung & Y. Kashima & U. Kim & S. Yamaguchi (Eds.), *Progress in Asian social psychology* (Vol. 1). Singapore: John Wiley.

Lin, Y. (1936). *My Country and My People*. London: William Heinemann.

Liu, S. H. (1974). "The use of analogy and symbolism in traditional Chinese philosophy". *Journal of Chinese Philosophy, 1*, 313-338.

Liu, X. G. (1988). *The Philosophy of Zhung Zi and its Evolution*. Beijing: The Social Science Press of China.

Lloyd, G. E. R. (1990). *Demystifying Mentalities*. New York: Cambridge University Press.

Lloyd, G. E. R. (1991). "The invention of nature". In G. E. R. Lloyd (Ed.), *Methods and Problems in Greek Science*. Cambridge: Cambridge University Press.

Logan, R. F. (1986). *The Alphabet Effect*. New York: Morrow.

Mao, T.-t. (1937/1962). *Four Essays on Philosophy*. Beijing: People's Press.

Markus, H., & Kitayama, S. (1991). "Cultural variation in the self-concept". In J. Strauss & G. R. Goethals (Eds.), *The Self: Interdisciplinary Approaches*. New York: Springer-Verlag.

Markus, H. R., & Kitayama, S. (1991a). "Cultural variation in the self-concept".

Markus, H. R., & Kitayama, S. (1991b). "Culture and the self: Implications for cognition, emotion, and motivation". *Psychological Review, 98*, 224-253.

Masuda, T., & Nisbett, R. E. (2001). "Attending holistically vs. analytically: Comparing the context sensitivity of Japanese and Americans". *Journal of Personality and Social Psychology, 81*, 922-934.

Masuda, T., & Nisbett, R. E. (2002). Change blindness in Japanese and Americans. Ann Arbor: University of Michigan.

McGuire, W. J. (1967). "Cognitive consistency and attitude change". In M. Fishbein (Ed.), *Attitude Theory and Measurement* (pp. 357-365). New York: John Wiley.

McNeil, W. H. (1962). The Rise of the West: *A History of the Human Community*. Chicago: University of Chicago Press.

McRae, R. R., Costa, P. T., & Yik, M. S. M. (1996). "Universal aspects of Chinese personality structure". In M. H. Bond (Ed.), *The Handbook of Chinese Psychology*. Hong Kong: Oxford University Press.

Meyer, D. E., & Kieras, D. E. (1997). "A computational theory of executive cognitive processes and multiple-task performance: I. Basic mechanisms". *Psychological Review, 104*, 3-65.

Miller, J. G. (1984). "Culture and the development of everyday social explanation". *Journal of Personality and Social Psychology, 46*, 961-978.

Miller, J. G., & Bersoff, D. M. (1995). "Development in the context of everyday family relationships: Culture, interpersonal morality, and adaptation". In M. Killen & D. Hart (Eds.), *Morality of Everyday Life: A Developmental Perspective* (pp. 259-282). Cambridge: Cambridge University Press.

Morling, B., Kitayama, S., & Miyamoto, Y. (in press). "Cultural practices emphasize influence in the US and adjustment in Japan". *Personality and Social Psychology Bulletin*.

Morris, M., Leung, K., & Sethi, S. (1999). Person perception in the heat of conflict: Perceptions of opponents' traits and conflict resolution in two cultures: Stanford University.

Morris, M. W., & Peng, K. (1994). "Culture and cause: American and Chinese attributions for social and physical events". *Journal of Personality and Social Psychology, 67*, 949–971.

Moser, D. J. (1996). Abstract thinking and thought in ancient Chinese and early Greek. Unpublished Ph.D. Dissertation, University of Michigan, Ann Arbor.

Munro, D. (1985). Introduction. In D. Munro (Ed.), *Individualism and Holism: Studies in Confucian and Taoist Values* (pp. 1–34). Ann Arbor: Center for Chinese Studies, University of Michigan.

Munro, D. J. (1969). *The Concept of Man in Early China*. Stanford: Stanford University Press.

Nagashima, N. (1973). "A reversed world: Or is it?" In R. Horton & R. Finnegan (Eds.), *Modes of Thought*. London: Faber and Faber.

Nakamura, H. (1964/1985). *Ways of Thinking of Eastern Peoples*. Honolulu: University of Hawaii Press.

Nakayama, S. (1969). *A History of Japanese Astronomy*. Cambridge, MA: Harvard University Press.

Needham, J. (1954). *Science and Civilisation in China* (Vol. 1). Cambridge: University Press.

Needham, J. (1962). *Science and Civilisation in China* (Vol. 4): *Physics and Physical Technology*. Cambridge: Cambridge University Press.

Nisbett, R. E. (1992). *Rules for Reasoning*. Hillsdale: Lawrence Erlbaum.

Nisbett, R. E., Caputo, C., Legant, P., & Maracek, J. (1973). "Behavior as seen by the actor and as seen by the observer". *Journal of Personality and Social Psychology, 27*, 154–164.

Nisbett, R. E., Fong, G. T., Lehman, D. R., & Cheng, P. W. (1987). "Teaching reasoning". *Science, 238*(625–631).

Nisbett, R. E., Peng, K., Choi, I., & Norenzayan, A. (2001). "Culture and systems of thought: Holistic vs. analytic cognition". *Psychological Review, 108*, 291–310.

Nisbett, R. E., & Ross, L. (1980). *Human Inference: Strategies and Shortcomings of Social Judgment*. Englewood Cliffs, NJ: Prentice-Hall.

Norenzayan, A. (1999). Rule-based and experience-based thinking: The cognitive consequences of intellectual traditions. Unpublished Ph.D. dissertation, University of Michigan, Ann Arbor.

Norenzayan, A., Smith, E. E., Kim, B. J., & Nisbett, R. E. (2002). Cultural preferences for formal versus intuitive reasoning. Urbana-Champagne: University of Illinois.

Ohbuchi, K. I., & Takahashi, Y. (1994). "Cultural styles of conflict management in Japanese and Americans: Passivity, covertness, and effectiveness of strategies". *Journal of Applied Psychology, 24*, 1345-1366.

Osherson, D. N., Smith, E. E., Wilkie, O., Lopez, A., & Shafir, E. (1990). Category-based induction. *Psychological Review, 97*, 185-200.

Park, D., Hedden, T., Jing, Q., Shulan, J., Yao, C., & Nisbett, R. E. (2002). Culture and the aging mind. Ann Arbor: University of Michigan.

Peng, K. (1997). Naive dialecticism and its effects on reasoning and judgment about contradiction. University of Michigan, Ann Arbor.

Peng, K. (2001). Psychology of dialectical thinking. In N. J. Smelser & P. B. Baltes (Eds.), *International Encylopedia of the Social and Behavioral Sciences* (Vol. 6, pp. 3634-3637). Oxford: Elsevier Science.

Peng, K., Keltner, D., & Morikawa, S. (2002). Culture and judgment of facial expression. Berkeley, CA: University of California.

Peng, K., & Knowles, E. (in press). "Culture, ethnicity and the attribution of physical causality". *Personality and Social Psychology Bulletin*.

Peng, K., & Nisbett, R. E. (1999). "Culture, dialectics, and reasoning about contradiction". *American Psychologist, 54*, 741-754.

Peng, K., & Nisbett, R. E. (2000). Cross-cultural similarities and differences in the understanding of physical causality. Berkeley: University of California.

Peng, K., Nisbett, R. E., & Wong, N. (1997). "Validity problems of cross-cultural value comparison and possible solutions". *Psychological Methods, 2*, 329-341.

Piedmont, R. L., & Chae, J. H. (1997). "Cross-cultural generalizability of the five-factor model of personality: Development and validation of the NEO-PI-R for Koreans". *Journal of Cross-Cultural Psychology, 28*, 131-155.

Riegel, K. F. (1973). "Dialectical operations: The final period of cognitive development". *Human Development, 18*, 430-443.

Rosemont, H., Jr. (1991). "Rights-bearing individuals and role-bearing persons". In M. I. Bockover (Ed.), *Rules, Rituals and Responsibility: Essays Dedicated to Herbert Fingarette*. LaSalle, IL: Open Court Press.

245

Ross, L. (1977). "The intuitive psychologist and his shortcomings". In L. Berkowitz (Ed.), *Advances in Experimental Social Psychology* (Vol. 10, pp. 173–220). New York: Academic Press.

Sanchez-Burks, J., Lee, F., Choi, I., Nisbett, R. E., Zhao, S., & Koo, J. (2002). Conversing across cultural ideologies: East-West communication styles in work and non-work contexts: Unpublished manuscript, University of Southern California.

Sastry, J., & Ross, C. E. (1998). "Asian ethnicity and the sense of personal control". *Social Psychology Quaterly, 61(2)*, 101–120.

Saul, J. R. (1992). *Voltaire's Bastards: The Dictatorship of Reason in the West*. New York: Random House.

Shih, H. (1919). *Chung-kuo che-hsueh shi ta-kang (An ouline of the History of Chinese Philosophy)*. Shanghai: Commercial Press.

Shore, B. (1996). *Culture in Mind: Cognition, Culture and the Problem of Meaning*. New York: Oxford University Press.

Shweder, R., Balle-Jensen, L., & Goldstein, W. (in press). "Who sleeps by whom revisited: A method for extracting the moral goods implicit in praxis". In P. J. Miller & J. J. Goodnow & F. Kessell (Eds.), *Cultural Practices as Contexts for Development*. San Francisco: Jossey-Bass.

Simons, D. J., & Levin, D. T. (1997). "Change blindness". *Trends in Cognitive Sciences, 1*, 261–267.

Sloman, S. (1996). "The empirical case for two systems of reasoning". *Psychological Bulletin, 119*, 30–22.

Smith, L. B., Jones, S. S., Landau, B., Gershkoff-Stowe, L., & Samuelson, L. (2002). "Object name learning provides on-the-job training for attention". *Psychological Science, 13*, 13–19.

Sowell, T. (Ed.). (1978). *Essays and Data on American Ethnic Groups*. New York: The Urban Institute.

Stevenson, H. W., & Lee, S. (1996). "The academic achievement of Chinese students". In M. H. Bond (Ed.), *The Handbook of Chinese Psychology* (pp. 124–142). New York: Oxford University Press.

Stevenson, H. W., & Stigler, J. W. (1992). *The Learning Gap: Why Our Schools Are Failing and What Can We Learn from Japanese and Chinese Education*. New York: Summit Books.

Stich, S. (1990). *The Fragmentation of Reason*. Cambridge MA: MIT Press.

Tardif, T. (1996). "Nouns are not always learned before verbs:

Evidence from Mandarin-speakers early vocabularies". *Developmental Psychology, 32*, 492-504.

Toulmin, S., & Goodfield, J. (1961). *The Fabric of the Heavens: The Development of Astronomy and Physics*. New York: Harper and Row.

Tonnies, F. (1887/1988). *Community and Society*. New Brunswick Oxford: Transaction Books.

Trafimow, D., Triandis, H. C., & Goto, S. G. (1991). "Some tests of the distinction between the private self and the collective self". *Journal of Personality and Social Psychology, 60*, 649-655.

Triandis, H. C. (1972). *The Analysis of Subjective Culture*. New York: Wiley.

Triandis, H. C. (1994a). *Culture and Social Behavior*. New York: McGraw Hill.

Triandis, H. C. (1995). *Individualism and Collectivism*. Boulder: Westview Press.

Tweed, R. G., & Lehman, D. (2002). "Learning considered within a cultural context: Confucian and Socratic approaches". *American Psychologist, 57*, 89-99.

Vranas, P. B. M. (2001). Respect for persons: An epistemic and pragmatic investigation. Unpublished Ph. D. dissertation, University of Michigan.

Vygotsky, L. S. (1930/1971). "The development of higher psychological functions". In J. Wertsch (ed.), *Soviet Activity Theory*. Armonk, NY: Sharpe.

Vygotsky, L. S. (1978). *Mind in Society: The Development of Higher Psychological Processes*. Cambridge: Harvard University Press.

Wang, D. J. (1979). *The History of Chinese Logical Thought*. Shanghai: People's Press of Shanghai.

Watanabe, M. (1998). Styles of reasoning in Japan and the United States: Logic of education in two cultures. Paper presented at the American Sociological Association, San Francisco, CA.

Weisz, J. R., Rothbaum, F. M., & Blackburn, T. C. (1984). "Standing out and standing in: The psychology of control in America and Japan". *American Psychologist, 39*, 955-969.

Whiting, B. B., & Whiting, J. W. M. (1975). *Children of Six Cultures; A Psycho-cultural Analysis*. Cambridge: Harvard University Press.

Whorf, B. L. (1956). *Language, Thought and Reality*. New York: Wiley.

Wilgoren, J. (2001, August 9, 2001). "World of debating grows and Vermont is the lab". *New York Times*, pp. A12.

Witkin, H. A. (1969). *Social Influences in the Development of Cognitive Style*. New York: Rand McNally.

Witkin, H. A., & Berry, J. W. (1975). "Psychological differentiation in cross-cultural perspective". *Journal of Cross Cultural Psychology, 6*, 4-87.

Witkin, H. A., Dyk, R. B., Faterson, H. F., Goodenough, D. R., & Karp, S. A. (1974). *Psychological Differentiation*. Potomac: Lawrence Erlbaum Associates.

Witkin, H. A., & Goodenough, D. R. (1977). "Field dependence and interpersonal behavior". *Psychological Bulletin, 84*, 661-689.

Witkin, H. A., Lewis, H. B., Hertzman, M., Machover, K., Meissner, P. B., & Karp, S. A. (1954). *Personality Through Perception*. New York: Harper.

Yamaguchi, S., Gelfand, M., Mizuno, M., & Zemba, Y. (1997). Illusion of collective control or illusion of personal control: Biased judgment about a chance event in Japan and the U. S. Paper presented at the Second conference of the Asian Association of Social Psychology, Kyoto, Japan.

Yang, K. S., & Bond, M. H. (1990). "Exploring implicit personality theories with indigenous or imported constructs: The Chinese case". *Journal of Personality and Social Psychology, 58*, 1087-1095.

Yates, J. F., & Curley, S. P. (1996). "Contingency judgment: Primacy effects and attention decrement". *Acta Psychologica, 62*, 293-302.

Yates, J. F., Lee, J., & Bush, J. (1997). "General knowledge overconfidence: Cross-national variation". *Organizational Behavior & Human Decision Processes, 63*, 138-147.

Zadeh, L. (1965). Fuzzy sets. Information and control, 8, 338-353.